JN074421

**Deloitte. トーマツ.**
デロイト トーマツ

有限責任監査法人トーマツ【著】

# サステナビリティ報告のグローバル実務

## IFRSサステナビリティ開示基準の適用に向けて

中央経済社

# はじめに

　2023年はサステナビリティ報告の実務にとって１つの画期であった。わが国では有価証券報告書における「サステナビリティに関する考え方及び取組」の記載が2023年３月期から開始され，上場企業のサステナビリティ報告の制度化が前進した。グローバルにも国際サステナビリティ基準審議会による最初のIFRSサステナビリティ開示基準が年央に公表され，証券監督者国際機構（IOSCO）によるエンドースメントを含め，同年後半には基準の適用に向けた活動が展開された。筆者の１人（岩崎）はIFRSサステナビリティ開示基準の公表日にロンドン証券取引所で開催されたIFRSサステナビリティ開示基準のローンチ・イベントに参加する機会を得たが，IFRS財団関係者，IOSCO，英国政府高官，取引所首脳，市場関係者がこの画期を祝すと同時に，さらなるサステナビリティ報告やサステナブル・ファイナンスの前進に向けた期待やビジョンを語る姿が印象的であった。また，世界最大の資本市場を有する米国においては，連邦レベルでの制度化に進捗がみられなかった一方で，カリフォルニア州が温室効果ガス排出量の開示制度を導入したほか，欧州連合（EU）における企業サステナビリティ報告指令（CSRD）に基づくサステナビリティ報告の基準である欧州サステナビリティ報告基準（ESRS）も公表に至った。米国カリフォルニア州やEUの制度の対象は米国企業・EU企業に限られておらず，対象となる日本企業はその実務対応の検討を開始しているところである。

　こうしたイベントフルな2023年を経て，サステナビリティ報告の実務の内外での展開にどう対応していくかは切実な実務的課題であると同時に，戦略策定から外部報告までを視野に入れたサステナビリティ経営に魂を入れる上でも避けて通れないテーマとなっている。本書では，この状況をサステナビリティ報告を巡る３つの変化，すなわち，①報告事項の拡大と統合，②報告の制度化と規律の強化，③報告基準の国際的な収斂，の観点から理解し，財務諸表による開示なども含めた企業の外部報告の全体像，さらにはサステナビリティ経営の

全体像を踏まえた取組みを進めることが適当であるとの考えのもと，取組みを進める上で押さえるべき事項を体系的に示すことを試みた。また，執筆時期として上述のとおり画期ともいえる2023年までの内外のサステナビリティ報告実務に影響を与える事象を広くカバーすることで，2024年以降における取組みを効果的・効率的に進めるための知的橋頭堡となることを意図している。

　こうした企画意図に基づき，本書では，企業の外部報告の全体像の中での位置付けを含めたサステナビリティ報告の概念や状況の整理（第1章）を経て，サステナビリティの報告基準を紹介する。まず，日本のサステナビリティ基準委員会の進めている基準開発にも大きな影響を与えているグローバル・ベースラインとしてIFRSサステナビリティ開示基準の説明（第2章）を行った上で，日本・欧州連合・米国（カリフォルニア州を含む）などにおけるサステナビリティ報告の制度に加え，関連事項として，GHGプロトコル，GRIスタンダード，気候関連財務情報開示タスクフォース（TCFD）および自然関連財務情報開示タスクフォース（TNFD）の提言等についても説明している（第3章）。さらに，こうした報告の正確性を担保する上で必要となる内部統制・保証について，2023年に公表された保証業務の基準書であるISSA5000の公開草案も含め，説明している（第4章）。最後に，IFRSサステナビリティ開示基準を念頭に置いて，基準適用のための戦略と実務プロセス（第5章）を紹介することで本書を締めくくっている。個別の基準やその対応に限定した関心のある方は第2章以降の関係章を直接あたっていただく読み方も可能であるが，第1章を本書全体の補助線として使うことで，広範なサステナビリティ報告の関連事項が有機的に理解できるようになるのではないかと考えている。

　各章の執筆は有限責任監査法人トーマツでサステナビリティ報告の実務対応支援や保証に携わっている専門家が分担して実施し，代表執筆者3名が全体の構成や調整を行っている。ただし，文中の意見に係る箇所は執筆者各人の私見に基づくものであり，必ずしも所属する法人やデロイトの見解ではないこと，および，本書は専門家による専門サービスの代替となるものではないことを申し添えておきたい。

　気候変動への対応の遅れや深刻な社会課題の継続などの状況に鑑み，サステナビリティ報告の実務は今後もさらに発展していく必要があり，実際にも今後もさらなる展開が続くと考えている。サステナビリティ報告が有意義な発展を遂げるために必要となる要素は多数存在するが，実務においては，基準やその背後にある考え方をよく理解し，ステークホルダーとのコミュニケーションであるサステナビリティ報告の継続的な改善のための工夫を実践・実装することが重要な基本的要素である。また，サステナビリティ報告の扱う課題は，気候変動に代表されるようにグローバルに共通する課題であり，グローバルな動向を把握・消化し続けることでしかその展開に対応し，その発展をリードする方法はないと考えられる。こうした実務の発展のために，内外の基準や制度とその背景にある潮流をカバーした本書が一助となり，よりサステナブルな世界に向けた人類の歩みにいささかなりともつながれば，執筆者の望外の喜びである。

　本書は中央経済社の坂部秀治氏のご尽力により出版に至った。坂部氏のご関与なしでは，時間に追われる筆者達が本書のような形でまとまった内容を世に問うことはできなかった。この場をお借りして坂部氏に心からの感謝を申し上げたい。

2024年2月
　　　　　執筆者を代表して
　　　　　　　　岩﨑　伸哉　／　小林　永明　／　黒﨑　進之介

# CONTENTS

## 第3章　その他の主要なサステナビリティ報告基準の概要 ——————— 119

## 第5章　IFRSサステナビリティ開示基準の適用実務 ——— 217

# 第 1 章

企業の外部報告の全体像と
サステナビリティ報告

## 第1節 ┃ サステナビリティ報告の変化と企業に求められる対応

## （1） 企業によるサステナビリティ報告の潮流

　気候変動への対応も含めて持続可能な社会を志向する国際的な潮流が大きな関心を集める中で，企業による外部報告にも次のような大きな変化が生じつつある。

---

第1の変化：報告事項の拡大と統合
第2の変化：報告の制度化と規律の強化
第3の変化：報告基準の国際的な収斂

---

　まずは，こうした大きな変化を確認し，本書の構成と関連付けていくことにする。

### ① 第1の変化：報告事項の拡大と統合

　企業による外部報告の目的は，おおまかには企業のステークホルダーへの情報提供を行うことで，ステークホルダーの意思決定に資することであると考えられている。このため，ステークホルダーの情報ニーズが変化した場合には，報告対象となる事項も変化していくことになる。

　企業はこれまでも環境報告やCSR報告などといった形で，法令などにより制度的に求められる決算書を中心とする財務報告などに加えてサステナビリティに関連する外部報告を行ってきたが，近時は企業による報告の対象とされる事項が大きく拡大する傾向にある。本書では第2章および第3章において内外のサステナビリティ報告基準を概観するが，特に第3章で扱うEUの基準についての記述をご確認いただければ，企業に求められる報告事項が広範にわたることが理解できるはずである。

　加えて，報告対象事項が拡大することにより，報告される事項間の関係性や体系・全体像が改めて問われることなり，様々なフレームワークや概念が浮上

しているのも近年の傾向である。

　本書では，IFRS財団傘下の国際サステナビリティ基準審議会（ISSB）によるIFRSサステナビリティ開示基準に含まれる概念である「つながりのある情報」（connected information）について第2章で取り上げ，企業の財務諸表とサステナビリティ関連財務情報のつながりを含む拡大された報告事項の関連性について触れる。また，異なる開示の規範・フレームワークの関係については本章で後述する。

## ②　第2の変化：報告の制度化と規律の強化

　気候変動を含む企業のサステナビリティに関連する事項は，これまでもサステナビリティ報告書または別の名称を冠されて，少なくない企業によって自主的に外部報告が実施されてきたことは前述のとおりである。

　こうした報告は一定の基準等に基づいて実施されている場合もあるが，かつては，報告自体が必ずしも制度的に強制されているものではなく，基準等への準拠も任意に行われていることが多かった。また，報告書またはその一部の報告事項について第三者による検証が行われる場合もあるが，こうした検証自体の強制化も限定的であった。

　最近では，報告および検証の両面で制度化が急速に進められており，報告に求められる規律の強化が図られていく過程にある。こうした規律の強化が必要とされる背景としては，サステナビリティ報告の重要度の増加に加え，グリーンウォッシングと称される欺瞞的な環境訴求行動が資本市場や企業のサステナビリティ報告でも問題になってきたことが背景にあると考えられる。

　本書ではサステナビリティ報告の制度化については第3章において概観し，こうした報告の正確性を担保する仕組みである内部統制および第三者による検証である保証について第4章で取り上げる。

## ③　第3の変化：報告基準の国際的な収斂

　サステナビリティ報告基準の国際的な収斂が進行中である。これまでサステナビリティ報告の基準等を公表してきた関係組織の統合や組織間の関係構築が進んでいると同時に，国際基準の開発と適用に向けた努力も進められている。

　本書ではこうした動向について本章で触れた上で，国際的な収斂の中心にある国際サステナビリティ基準審議会（ISSB）が公表したIFRSサステナビリティ開示基準について第2章で解説を行う。加えて，当該基準を適用する際に参照することになるSASBスタンダードやGHGプロトコルについても第2章および第3章で触れている。また，第3章では，IFRSサステナビリティ開示基準の基礎となった気候関連財務情報開示タスクフォース（TCFD）の提言に加え，今後のISSBの基準設定に影響する可能性がある自然関連財務情報開示タスクフォース（TNFD）についても取り上げる。

## （2）　企業に求められる対応

　企業には，前述したサステナビリティ報告をめぐる変化への対応が求められる。ただし，企業に求められるサステナビリティ対応は，サステナビリティ報告に関する対応に留まるものではない。気候変動や格差拡大などの社会課題の深刻化や慢性化を背景として，経済価値創出と社会価値創出の好循環を実現できる企業となるための戦略・体制・行動計画に基づく成果が資本市場からも社会からも期待されており，企業側から見れば，サステナビリティ報告はこの期待への対応についての企業外部へのコミュニケーション手段であるという位置付けになる。すなわち，サステナビリティ報告はより全般的なサステナビリティ経営の一部である。

　すでに報告以外の本質的なサステナビリティ経営ができている企業にとっては，現在進行中の変化はむしろ他社と比較可能性が高まる環境で自社の優位性を説明しやすくなる好機と認識されるかもしれない。このような企業においては，報告が求められる事項を正確・効率的に把握することに焦点を当てた対応を進めていけばよいことになる。

　他方で，サステナビリティ報告以前の実質面でのサステナビリティ経営についても努力を継続している企業が多数存在する。こうした企業においては，前述したサステナビリティ報告に関する潮流は努力を強化・加速する必要性を高める追加的な理由の1つになる。企業のサステナビリティの実態をより網羅的・正確に国際的水準に適う形で報告し，ステークホルダーからの評価を得ることは，報告作成部門単独で達成できることではなく，企業のガバナンスや経

営トップの取組みなしには成しえない事項である。第2章で触れるとおり，IFRSサステナビリティ開示基準がガバナンスや戦略を開示事項としているのは，このためである。この観点からは，サステナビリティ報告における開示事項は，経営にサステナビリティを統合的に組み込んでいくためのヒント・指針としても機能すると考えられる。サステナビリティの経営への組込みは一朝一夕にできるものではなく，IFRSサステナビリティ開示基準の内容を早期に理解・吸収し，サステナビリティ経営への組込みを早期に開始していくことが，本質的に重要な対応と考えられる。

　こうした本質的な対応と並行して，より実務的な水準でIFRSサステナビリティ開示基準などの導入を進めるための戦略とステップについては，本書の第5章で取り上げている。

## 第2節 ‖ 企業の外部報告の全体像とサステナビリティ報告

　本節では，サステナビリティ報告を含む企業の外部報告を複数の視点から整理し，サステナビリティ報告の位置付けや特徴を明らかにすることを試みる。また，こうした説明の中で，前節で触れたサステナビリティ報告をめぐる潮流のより具体的な内容や進行中の外部報告をめぐる動向についても説明を行う。本節中では特定の基準設定主体やその作成している基準等にも触れるが，その詳細は必要に応じ次章以降の説明を参照していただきたい。

### （1）　企業による外部報告の意義

　本節でいう外部報告とは，企業による企業外部のステークホルダーへの報告を指しており，企業の経営管理のために企業内部で行われる報告（内部報告）と対比される存在である。サステナビリティ報告に限らず外部に報告される情報は経営管理上も有用であることが多く，企業内部で実施される報告事項・内容が同時に外部報告の対象となる場合もあり，報告内容を内外で意図的に一貫させることで，外部へ報告する事項と企業内部での行動を整合させることを狙う場合もある。

　一方で，両者の決定的な違いは，内部報告においては企業の経営者・管理者

が自身の行う経営や管理に資する報告内容を自ら決定することが可能である一方，多数のステークホルダーを対象とする外部報告においては個別の情報利用者にカスタマイズされた報告を行うことは困難であるため，多数の企業に共通する報告基準が設定され，基準に基づいて標準化された報告が多数のステークホルダーに提供される点である。このため，外部報告においては，報告が準拠する基準が重要な役割を果たすことになる。

　もっとも，一定の基準に準拠して外部報告を行う場合であっても，基準に反しない形で報告に追加や工夫を行うことは可能であり，実際にこうした対応を実施することで外部報告へのステークホルダーの信頼や評価を高め，企業価値の向上等へつなげることを志向する企業も存在している。こうした対応を行う上では，外部報告の基準は，報告が最低限充足すべき下限を示す社会的な公約数と捉えた上で，必要な場合には，企業は自社のステークホルダーが自社について関心を持つ事項について追加的な報告を行うなどの工夫を行う必要性がある。

　サステナビリティ報告は，そもそも必ずしも法令等による強制なしに自主的な取組みとして実施されてきた部分があり，今後，報告が強制されるような傾向が強まっても，基準が各社固有の状況を完全に反映しているものではない以上，基準に求められていない事項についても適切な外部報告を実施することの意義は失われないと考えられる。

　こうした対応を行う上では，企業の外部報告の全体像を把握し，その構成要素となるサステナビリティ報告の位置付けを踏まえる必要がある。

## （2）　制度化と報告手段の視点

　企業による外部報告の全体像や構成要素を整理する方法は複数存在する。まずは，報告が法令等により求められているか否か，および，報告手段が財務諸表によるか否か，の2つの視点を組み合わせて，企業による外部報告の全体像を具体的な外部報告の例を含めて概観する。

### ①　制度化の有無と報告手段による分類

　外部報告が法令等により求められるか否かの観点からは，企業の外部報告は，

法令等により報告が強制されている制度開示と，強制を伴わない任意開示に分類できる。前者の報告を適切に実施することは法令遵守の問題ともなるが，後者については通常こうした問題は生じない。

　また，報告手段が財務諸表（単体・連結）または注記情報（以下「財務諸表等」という）であるか否かにより外部報告を分類する観点もある。前者は，法令等により外部監査人等の直接の監査対象となることも多く，監査対象となる財務諸表等が監査報告書に明示されることが多い一方，後者は，監査のような第三者による検証・保証を要しないことが一般的である。

## ②　外部報告の分類の具体例

　いくつか具体的な例を挙げて，企業の実施している外部報告が，この2つの観点からの分類にどうフィットするのか見てみることにする。

　第3章で触れるとおり，日本企業の有価証券報告書（金融商品取引法に基づく制度開示の一部として作成・開示される）には，「サステナビリティに関する考え方及び取組」の記載欄が設けられ，企業内容等の開示に関する内閣府令等により一定の事項の開示が求められている。この情報は，制度開示かつ財務諸表等以外の報告手段による情報開示である。

　これ以外に，企業が任意に開示する情報もある。IR目的で財務諸表やその一部をIR資料に含める例や，有価証券報告書とは別に統合報告書やTCFD提言に基づく報告書（TCFDレポート）を開示するのはその例である。ただし，証券取引所の上場規則を構成するコーポレートガバナンス・コードにおいては，プライム市場の上場企業に対してTCFDまたはそれと同等の枠組みに基づく開示の質と量の充実を進めるべきであるとしており（補充原則3－1③），その適用を受ける企業にとってはTCFD提言に基づく報告は制度開示と位置付けられる。

　このような形で，2つの視点に基づいて形で日本企業の外部報告の全体像と具体例を筆者が整理したものが，**図表1－2－1**である。

| 図表１－２－１ | 制度化と報告手段の観点から整理した外部報告の具体例 |

| 制度化の有無<br>報告手段 | 制度開示 | 任意開示 |
|---|---|---|
| 財務諸表等 | 有価証券報告書に含まれる財務諸表等。他に会社法に基づく計算書類も存在 | IR資料に含まれる財務諸表等の情報 |
| 財務諸表等以外の情報 | 有価証券報告書に含まれる「サステナビリティに関する考え方及び取組」の記載欄の記述を含む財務諸表等以外の情報。会社法に基づく事業報告や証券取引所に提出するコーポレート・ガバナンスに関する報告書も，こうした報告の例である。 | 統合報告書，サステナビリティ報告書，TCFDレポート(*1)，GRIスタンダード，SASBスタンダード，ISO 26000に基づく報告書またはこれら基準の要開示事項との対照表，ESGデータブック |

(*1)　プライム市場に上場していない場合の区分。

　制度開示に分類される外部報告は，根拠法令などによって報告書の名称，報告事項や作成基準等が定められている一方，任意開示ではこうした点が必ずしも一律に決定されていない。ただし，任意開示においても一定の指針に基づく開示が行われることが多い。例えば，TCFD提言，統合報告フレームワーク，GRIスタンダード，SASBスタンダード，国際標準化機構（ISO）による社会的責任に関する手引（ISO 26000），世界経済フォーラム（WEF）の国際ビジネス評議会（IBC）によるステークホルダー資本主義指標，などの基準・指針の１つまたは複数を企業が自主的に選択し，これに沿って報告を行うのがその例である。

　制度開示用の外部報告書を含め，複数の基準や指針に基づく複数の報告書により外部報告を行う場合もある。この場合，他の報告書での開示を参照する形式で，別の報告書で報告を行うこともある。図表１－２－１で示した対照表による開示はこうした報告の例である。このとき，複数の異なる基準や指針が同一事項の開示を求めている場合には，報告対象となる情報を一括してまとめた

ESGデータブックなどと称される報告書を作成し，各基準が求める開示事項と
ESGデータブックの情報の対比表を示す実務も行われている。このような対応
を行う場合，ESGデータブックも外部報告を構成することになる。

### ③　報告の制度化と規律の強化の影響

　制度開示と任意開示の区分は，企業の外部報告制度の変化により変更される
ため，時点によって変化する。例えば，日本企業によるTCFD提言に基づく報
告は，かつては完全な任意開示であったが，前述のとおり証券取引所の上場規
則を構成するコーポレートガバナンス・コードに基づく開示と位置付けられる
ように制度が変化し，こうした規則の適用対象となる企業にとっては制度開示
となっている。また，企業が任意に作成していたサステナビリティ報告書にお
いて開示していた情報を，有価証券報告書の「サステナビリティに関する考え
方及び取組」の記載欄の記述として報告することに変更した場合は，当該情報
は任意開示から制度開示へ位置付けが変更されたことになる。

　前節で示した3つの変化のうちの1つである第2の変化（報告の制度化と規
律の強化）は，こうした状況変化を指しており，前述の例のように法令等によ
り一定の項目の開示や特定基準の利用が強制される傾向が年々強まっている。
制度開示においては，開示を強制している法令等により開示の期限や不遵守の
場合の罰則も存在することから，開示に求められる社会的な規律が強まること
になる。また，EUなどの海外の一部では，制度化されたサステナビリティ報
告に外部の検証・保証が制度的に必要とされる点でも規律が強化されている。

　こうした変化を含む制度開示を構成するサステナビリティ報告の状況につい
ては，本書の第3章でさらに説明を行う。

## （3）　報告主題および情報の報告手段の視点

　第2の視点として，外部報告の対象となる情報の利用者の属性を反映する報
告主題と情報の報告手段に基づいて，外部報告の全体像とその構成要素を確認
する。このうち，情報の報告手段は本節（2）の視点と同一であるが，この視
点では制度化の有無に代えて，報告主題を視点に含めている。この視点から外
部報告の全体像を検討することによって，サステナビリティ報告が外部報告に

占める位置付けがより明確になる。

　この視点による外部報告の全体像と構成要素の分類の例としては，2020年9月に公表された「包括的な企業報告に向けた協働についての共同声明—サステナビリティ及び統合報告をリードしている組織であるCDP，CDSB，GRI，IIRC及びSASBの間での整合性協議（Impact Management，世界経済フォーラム，及びデロイトが支援）」（Statement of Intent to Work Together Towards Comprehensive Corporate Reporting-Summary of alignment discussions among leading sustainability and integrated reporting organisations CDP, CDSB, GRI, IIRC and SASB（facilitated by the Impact Management, World Economic Forum and Deloitte））（以下「共同声明」という）において示された考え方がある。この共同声明において示された整理に基づく形での外部報告の全体像と構成要素は**図表１－２－２**に示したとおりである。

### ①　外部報告の３つの報告領域

　図表１－２－２の報告事項には，外部報告が扱う報告主題などに基づく３つの報告領域がマッピングされている。このうち一番外側の太線の囲みで示された範囲が，外部報告の最大限の報告範囲，すなわち外部報告の全体を示している。

　この外部報告の全体としての報告範囲は，領域Ⅰ～Ⅲからなる３つの報告領域から構成され，それぞれの報告領域は図表中に記述された異なる報告主題と手段により区分されている。領域Ⅰは財務諸表等を手段とする報告であり，領域Ⅱは企業価値の創造に重要性を持つサステナビリティ関連事項についての報告である。ここで，領域Ⅱの報告と領域Ⅲの企業の経済・環境・社会への重要な影響についての報告との違いを理解するためには，想定されている主な報告の利用者の違いを理解する必要がある。領域Ⅱは，企業への投資などの経済的意思決定に使うための情報であることから，その主たる利用者は投資家等の経済的ステークホルダーが想定され，企業価値に関する報告が主題となる。領域Ⅲは，こうした利用局面や利用者の限定を行わず，企業が経済，環境，社会に与える重要な影響（impact）の報告を求めており，領域Ⅱよりも広範な利用者が想定されている。

**図表1−2−2**　共同声明に基づく外部報告の全体像

| 報告事項 | 報告領域Ⅲ：企業の経済・環境・社会への重要な影響についての報告 | |
| --- | --- | --- |
| | 報告領域Ⅱ：企業価値の創造に重要性を持つ<br>サステナビリティ関連事項についての<br>報告 | |
| | 報告領域Ⅰ：財務諸表・注記(財務諸表等)による報告<br>※将来に関する前提やキャッシュ・フロー予測も反映されている | |
| 主な報告<br>の利用者 | 企業へ経済的資源を提供するステークホルダー<br>（投資家，債権者等） | |
| | | 企業の外部環境への影響に関心を有する<br>広範なステークホルダー |
| 報告規<br>範・設定<br>主体の例 | 会計基準設定主体<br>（例：IASB, FASB, ASBJ）<br>などが定める会計基準 | |
| | 国際統合報告評議会（IIRC）の定める<br>統合報告フレームワーク | |
| | | 投資の意思決定への<br>利用を目的とするサ<br>ステナビリティ基準<br>を設定する組織<br>（ISSB，SSBJ，<br>SASB，CDSBなど）<br>が定める基準 |
| | | 広範な利用者を念頭に置いたサステナビ<br>リィティ基準を設定する組織（例：グロ<br>ーバルサステナビリティ審議会）が設定<br>するGRIスタンダード等 |

出所：共同声明（Figure 2）をもとに筆者作成

　領域Ⅱの報告の利用者は領域Ⅰの報告の利用者と同一であり，領域Ⅰと領域Ⅱの報告は経済的意思決定に外部報告を用いる同一の利用者像を想定しつつ，財務諸表等という手段による外部報告（領域Ⅰ）か，それ以外（領域Ⅱ）かという報告手段の違いにより区分される。このため，領域Ⅰの報告と領域Ⅱの報告は，本質的には一体となって機能することが期待される外部報告であると位置付けられる。

　他方，領域Ⅲは投資情報としての価値がない事項であっても，企業が経済・環境・社会に重要な影響を与えているのであれば報告事項とするものであるため，領域ⅠおよびⅡとは報告の目的設定が異なっている。

## ②　サステナビリティ報告の範囲

　領域Ⅱおよび領域Ⅲについての外部報告がサステナビリティ報告と称される外部報告の領域であり，ESG情報ともいわれる環境（Environment），社会（Social），ガバナンス（Governance）などに関する事項が報告対象となっている。このようにサステナビリティ報告を把握した場合，そこには目的・利用者の異なる性格の異なる外部報告が含まれていることになる。別の表現をすれば，サステナビリティ報告と称される領域の一方である領域Ⅱは，別のサステナビリティ領域である領域Ⅲとの距離よりも，サステナビリティ報告とは称されない領域Ⅰの財務諸表等との親和性が高い外部報告ということになる。領域Ⅱと領域Ⅲで同一・類似の報告項目が基準により示されることは少なくないが，こうした表面的な同一性・類似性にかかわらず，領域Ⅱの報告については常に領域Ⅰの報告とセットで検討される必要があり，領域Ⅲの報告はこれとは別の視点からも検討する必要がある。

　また，全体像から領域Ⅰ（財務諸表等）を除いた部分がサステナビリティ報告に該当するため，サステナビリティ報告の範囲は，財務諸表等によって影響を受けることになる。このため，財務諸表等の内容を規定している会計基準の違いにより，領域Ⅱの報告領域の範囲や内容も影響を受けると考えるのが，論理的である。ただし，第2章および第3章で後述するとおり，現在のサステナビリティ報告の基準は会計基準の違いを考慮しない傾向にあり，領域Ⅰおよび領域Ⅱの接続は企業が工夫によりカバーする必要があるとも考えられる。

### ③　報告主題の決定要因

　3つの各領域における報告主題やその背景に存在する想定利用者像の違いは，どのような事項を報告対象とすべきかを決める規準であるマテリアリティまたは重要性（materiality）の違いとして理解することも可能である。

　領域ⅠおよびⅡにおいて報告対象を決定するための重要性を財務マテリアリティ（financial materiality），領域Ⅲの報告対象を決定するための重要性をインパクト・マテリアリティ（impact materiality）と称することがある。すなわち，財務マテリアリティのある事項は，領域Ⅰまたは領域Ⅱのいずれかで報告され，財務マテリアリティはないがインパクト・マテリアリティがある事項は領域Ⅲで報告されることになる。なお，財務マテリアリティのみを考慮することをシングル・マテリアリティ，両者を考慮することをダブル・マテリアリティと称する。

　ただし，概念的な整理をこのように実施するとしても，各領域の境界は現実世界においては必ずしも自明ではなく，多くの判断を伴うことになる。財務マテリアリティにおいては，企業価値に影響を与えることになる企業の将来キャッシュ・フローの予測に資する情報を重要性のある情報とするが，企業が経済・環境・社会に与えるインパクトが企業の将来キャッシュ・フローにも影響を与えるかどうかは，企業価値の評価モデルや社会制度などの企業外部の要因によっても影響を受けるからである。

　例えば，気候変動問題や環境問題は，企業が気候や自然環境に与える負のインパクトが当該企業の負担にならない一方で，他の主体の負担になる市場の失敗（経済学でいう「負の外部性」または「外部不経済の存在」）が問題の一因とされる。現時点で当該企業のキャッシュ・フローとして顕在化しない負の外部性（例：温室効果ガス（GHG）を排出しても支出の義務が生じない）が存在するとした場合，こうした負の外部性が企業の将来のキャッシュ・フローに影響を与える（例：法制度の変化により将来においてはGHGの排出に賦課金が課され，支出が必要となる）と投資家が予測するのであれば，負の外部性（例：現在は自身の負担が生じていないが地球環境にダメージを与えるGHGを排出している状態）についての情報は，財務マテリアリティの観点からも重要

性があることになる。他方で，将来も現在と同様の状況（支出の義務が生じない）が永続すると判断するのであれば，こうした情報は財務マテリアリティを持たない。前者の場合には，こうした負の外部性は領域Ⅱ，後者の場合にインパクト・マテリアリティがあれば領域Ⅲに分類されることになる。

　同様に，企業が現時点においては正のキャッシュ・インフローとして顕在化させるに至っていない正の外部性（例：コミュニティへの貢献活動を企業の負担により行うことで，コミュニティの生活水準全体が向上する）が存在する場合にも，こうしたインパクトが将来の企業の人的資本改善（当該コミュニティからの採用する人材のレベル向上）や収益の向上（当該コミュニティにおける売上の増加）に帰結することで企業の将来キャッシュ・フローに好影響を与えるのであれば，こうしたインパクトについての情報は財務マテリアリティの観点からも重要性があり，領域Ⅱの情報となる。

　こうした区分をすべての事項について企業が自ら実施することは相当の検討を要することになるが，領域Ⅱの報告事項について規定する基準が存在すれば，企業はその基準に従って領域Ⅱのサステナビリティについての外部報告事項を峻別することができる。こうした基準の設定にあたっては，企業への投資などの経済的意思決定を行う投資家の意見も確認されることから，基準による線引きには一定の合理性があり，企業は基準から投資家が企業価値の評価に反映している情報を学習することもできる。

## ④　領域Ⅲの報告のインプリケーション

　領域Ⅰ・Ⅱに関する報告と，領域Ⅲに関する報告の双方で外部報告を行う企業は少なくない。例えば，有価証券報告書や統合報告において領域Ⅰ・Ⅱの報告を行い，領域ⅢについてGRIスタンダードによる報告を行っている場合にはこの状況に該当する。こうした状況において慎重に検討を行うことが適当な事項に，領域Ⅰ・Ⅱの報告に含めずに，領域Ⅲの報告にのみ含める事項の決定がある。領域Ⅲの報告にのみ含めた事項は，企業の将来キャッシュ・フローに影響しない事項（すなわち，領域ⅠおよびⅡに属する事項ではない）であると企業自ら表明することになる。領域Ⅱに含める事項については基準を参照することができると前述したが，第2章以降で示すとおり，基準は領域Ⅱに示すべき

事項を網羅的に示すことで，企業による検討・判断を完全に不要とするアプローチを必ずしも採用していない。

　この課題が重要なのは，領域Ⅲのみにおいて報告される事項は，企業価値に影響しない事項という位置付けになり，投資家が企業の広範な活動やインパクトを踏まえた投資を行う傾向を強めている中では，領域ⅠおよびⅡの開示事項の不足とされるリスクが存在するからである。領域Ⅲに比較して，領域ⅠおよびⅡにおける外部報告は，開示に瑕疵があった場合には，瑕疵に起因する経済的損失への補償や当局によるペナルティにつながる可能性も相対的に高い。ただし，領域Ⅰの外部報告は現在も監査の対象となっている場合が多く，領域Ⅱについても外部による検証（保証）の対象とする国・法域が増加傾向にあるなど，作成にあたってより高い規律が求められる領域でもある。このため，何でも領域Ⅰおよび領域Ⅱの開示対象とすることも適当ではない。こうした観点も踏まえて，どういった情報をどの領域における報告事項とすべきかを検討し，対象となる情報を自覚的に配置することでサステナビリティ報告の有用性とリスク対応度が向上すると考えられる。また，どのような事項が自社の企業価値に影響するのか，すなわち領域ⅠまたはⅡに該当する事項なのかを自覚することは，企業価値を向上させるためのレバーを把握するということでもあり，サステナビリティ経営にも資することになると考えられる。

⑤　ダイナミック・マテリアリティ

　この3領域の境界も動的な側面を持ち，領域Ⅲに区分されていた報告事項が社会制度の変化や投資家の意思決定モデルの変化により領域Ⅱに移行し，さらには領域Ⅱに属していた事項が財務諸表等に反映されるように事実関係や会計基準が変化することで，開示事項が領域Ⅰに移行する展開も考えられる。こうした報告領域の移行は，共同声明においてダイナミック・マテリアリティ（dynamic materiality）と称されている。外部報告を実施する企業は，こうした変化が生じていないかをセンシングする必要が生じることになる。

　図表1-2-2の下部には，3つの領域に対応する基準やフレームワークを設定している組織，すなわち外部報告の基準設定主体を示している。各基準設定主体はおおむね1つまたは2つの領域をカバーする基準を設定しているが，

全領域を単独でカバーする基準設定主体は存在していない。

　こうした状況において，共同声明は基準設定主体間の連携の必要性を踏まえて協働を強化する意思を表明したが，その後の動きも含め，現在では**図表1－2－3**に示した形での基準設定主体の統合や連携が実現している。このような動きは，前節で触れた3つの変化のうち，第3の変化である報告基準の国際的

| 図表1－2－3 | サステナビリティ開示基準設定主体の統合と連携 |

IFRS財団

協働のための覚書 ←→ グローバル レポーティング イニシアチブ (GRI)

価値報告財団 (Value Reporting Foundation) (VRF)
　統合 ←
　　　国際統合報告 評議会 (IIRC)
　　　合併
　　　サステナビリティ 会計基準審議会 (SASB)

傘下組織　設立

カーボン・ ディスクロージャー・ プロジェクト (CDP)
気候変動開示 基準委員会 (CDSB)
　統合 ←

活動を完了し，企業 の気候関連開示の 進捗の監督をIFRS 財団に引継ぎ ←
気候関連財務 情報開示 タスクフォース (TCFD)

連携・協働

国際会計 基準審議会 (IASB) ←→ 国際サステナビ リティ基準審議 会 (ISSB)
　連携 ←→
自然関連財務 情報開示 タスクフォース (TNFD)

凡例
活動中の組織
被統合組織

な収斂の背景となっているが，今後もより包括的かつ整合的な外部報告が実現
されるための動きが継続・深化することを期待したい。

## ⑥　複数の報告基準の併存の影響

　報告基準の国際的な収斂がさらに前進するためには，図表1-2-3に示し
たグローバルな基準設定主体の統合の動きに加え，各国・法域において開示基
準を設定する当局や基準設定主体の判断や動きが重要な意味を持つ。グローバ
ルな基準設定主体は基準を作成するものの，基準の適用を強制する権限を有す
るのはグローバルな基準設定主体ではなく，各国・法域の法令等を決定する当
局等であることが通常である。この点，主要な国・法域の資本市場の監督当局
のネットワークである証券監督者国際機構（IOSCO）は，ISSBが公表した
IFRSサステナビリティ開示基準のエンドースメントを発表している。

　ただし，各国・法域におけるIFRSサステナビリティ開示基準の適用のため
の検討は進行中であることが多く，第3章で説明するとおり，欧州・米国など
において，当該法域をカバーする固有の基準を設定する動きも存在する。こう
した国・法域の当局が決定する外部報告の基準は，当該国・法域外に本拠を持
つ企業にも適用されることがあり，グローバルに事業活動を展開する日本企業
は海外の国・法域のサステナビリティ報告基準への対応準備の開始を余儀なく
されている。こうした企業には，これまでも複数のサステナビリティ基準への
対応を行った経験を有する企業も少なからず存在するものの，前節で示したサ
ステナビリティ基準の3つの変化のうち第1の変化（報告事項の拡大と統合）
および第2の変化（報告の制度化と規律の強化）が進む中においては，複数基
準への対応の負荷がこれまで以上に高まる可能性がある。

　こうした状況は解消に向かうことが望まれるが，現時点では，サステナビリ
ティ報告基準のグローバルかつ完全な単一化が完了する見通しは立っておらず，
国際的に活動する企業については今後も複数の基準に基づく外部報告への対応
が必要となる期間が継続する可能性が高い。こうした期間においては，対応が
必要となる複数の基準の相互運用可能性（interoperability）の程度により，外
部報告を行う企業や外部報告の利用者の負担は大きく異なるため，基準間の差
異が大きな意味を持つ。

　より歴史の長い企業の外部報告である財務諸表等の作成基準を規定している会計基準においても，現在でもグローバルに単一な基準が確立されるには至っていない。このため，関係者はこうした現実に相当期間向き合う可能性を認識した上で，対応を合理化するための方法を検討する意義がある。また，こうした状況を解消または緩和するためのルールメイキングにも関与・発信を続ける意義も存在する。

⑦　財務諸表等へのサステナビリティ報告基準の影響

　図表1－2－2の薄い網掛け部分は，財務諸表等にサステナビリティ報告基準設定主体が作成した基準が関係する部分を示している。当該図表にも示したとおり，財務諸表は単純に報告日現在までに発生した客観的事実のみを反映したものではなく，将来に関する前提やキャッシュ・フロー予測も反映されている。こうした前提やキャッシュ・フロー予測には，会計基準の設定主体以外の組織が定めた基準に基づいて収集された情報やデータが利用・考慮される場合がありうる。例えば，財務諸表における気候変動に関連する不確実性については，IFRS財団による教育的資料「気候関連事項が財務諸表に与える影響」（Educational Material: Effects of climate-related matters on financial statements）が公表されており，気候関連事項を直接的に取り扱ったIFRS会計基準が存在しないとしても，会計基準の適用において気候関連事項を考慮する必要性と方法についての説明が提供されている。

　そもそも会計基準の適用においても，会計基準以外の一定の基準やモデル（例えば資産評価に関する基準設定主体の基準や金融工学・数理モデルなど）が利用・参照される実務も存在し，財務諸表や注記に影響する基準が完全に会計基準に限定されていない状況は，サステナビリティ領域に限った話ではない。なお，国際会計基準審議会（IASB）は，2023年に入って，財務諸表における気候関連および他の不確実性（Climate-related and Other Uncertainties in the Financial Statements）のプロジェクトを開始しており，IFRS会計基準に基づく外部報告を行っている場合，領域Iと領域IIの境界の変化が将来的に生じる可能性がある。

## ⑧　マネジメント・コメンタリー

　図表1－2－2の濃い網掛け部分は，共同声明には含まれていないが筆者が追加したものである。筆者が念頭に置いているのは，経営者による財政状態および経営成績の検討と分析（MD&A）やマネジメント・コメンタリーと呼ばれる記述情報である。こうした記述情報による外部報告は明らかに財務諸表等によらない外部報告であり，IASBはそのマネジメント・コメンタリーの指針として実務記述書（Practice Statement）と称される文書を作成・公表している。IASBが公表している実務記述書はIFRS会計基準を構成しないため，IFRS会計基準を適用する場合にも実務記述書を適用しないことは可能であるが，実務記述書の内容はIFRS会計基準の利用を前提としたものとなっている（実務記述書第1号第3項）。

　日本や米国においては証券監督当局がこうした開示の作成基準を定めており，その報告は財務諸表・注記と一体として機能することが期待される外部報告の一部である。ここでは，将来の見通しに関する情報（forward-looking information）の開示が行われるなど，利用者にとって財務諸表・注記のみからは知りえない情報が得られるため，実務的にも重要性が高い。

　このように，こうした情報も企業価値に関連する投資情報として意図されているものであり，財務諸表等の様式によらない経済的意思決定目的の外部報告，すなわち図表1－2－2における領域IIの外部報告と位置付けられる。マネジメント・コメンタリーについては，IASBがこれまで当該領域の指針設定を行ってきたこともあり，現在も見直し作業に取り組んでいるが，ISSBが領域IIの基準設定を進めていることも踏まえて，1）IASBとISSBそれぞれの担当領域との整合性（前者は領域I，後者は領域IIを担当），2）実務記述書という基準書ではない指針という位置付けの不明瞭性の改善，3）マネジメント・コメンタリーの扱う報告主題の位置付けの明確化という観点から，より体系的な外部報告基準の構造に沿った整理が行われることを期待したい。

## （4）　報告される情報の表現の視点

### ①　報告される情報の表現の種類

　外部報告により外部に伝達される情報がどのように表現されているかという視点から，外部報告の性格を考えることもできる。

　外部報告は，貨幣的評価による数値，その他の定量的な計数，記述による説明，または，その組み合わせによる報告に分類することが可能である。また，こうした情報をグラフやチャートなどに変換した表現が用いられる場合もある。例えば，財務諸表による外部報告は主に貨幣的評価による数値であるが，注記において会計方針についての記述による説明も含まれているほか，会計処理の前提となる事項について貨幣的評価以外の定量的な計数（例：割引率）が報告されることがある。サステナビリティ報告においても，こうした点は同一であり，例えば，従業員給与や社会貢献活動支出額の開示は貨幣的評価による数値，GHG排出量や従業員の多様性を示す国籍別人員数のような貨幣的評価によらない定量的な計数，サプライチェーンに関する方針などの記述情報も存在する。こうした複数の種類の情報を組み合わせることで多様な種類・性格の情報を伝達することが可能になっているが，他方で多様な情報をどのように統合して企業についての全体像を得るのかが不明確となる側面も存在する。

　ここで，図表１－２－２の領域Ⅲの情報開示であれば，特定の利用者が自身の関心事項に限定して，多様な情報の一部を自身で選択して利用すればよいという考え方もありうるが，領域ⅠおよびⅡの報告の場合，多様な情報をどのように企業価値の評価に結び付けることができるのかが論点となる。企業価値の評価を貨幣的評価により実施するとすれば，それ以外の方法で表現された事項を一定の形で貨幣的評価に変換・反映する必要性があるからである。

　個々の外部報告の利用者が，多くの異なった表現による開示項目について，将来キャッシュ・フローまたはその不確実性を反映する割引率への反映の要否や程度を自身で判断することで情報を利用する対応は可能であるが，報告されている項目の予測への結び付け方は簡単ではないし，こうした複雑な分析を行うことが投資家の負担になることもありうる。

## ②　貨幣的評価への統合

　こうした点を解消するために，外部報告の情報を貨幣的評価による数値に統合して開示するための研究や実践も続けられている。例えば，インパクト加重会計（impact-weighted accounts）と称される仕組みでは，伝統的な財務諸表に，財務諸表では捕捉されていない企業のインパクトを追加的に反映・加減することで，企業の正負のインパクトを貨幣的評価により統合的に定量化することが志向されている。こうした仕組みを取ることで，合算・総合化が難しい複数の異なるインパクト（例えば，雇用による社会への貢献とGHG排出量で評価される負の環境へのインパクト）を貨幣的評価額で測定した上で，財務諸表に表現される財務数値と合算することで統合的な貨幣的評価額が把握されることになる。ただし，前述したように，企業のインパクトを網羅的に貨幣的評価額に換算して測定することは容易ではなく，現時点においてはこうした仕組みが広く実践されている状況にはない。とはいえ，こうした取組みは投資家が個別に実施している企業評価への外部報告情報の反映について標準化された方法を模索するものであるとも考えられ，外部報告の利用負担の軽減という観点においても意義があると考える。

## ③　価値創造プロセスの観点からの統合

　インパクト加重会計とは異なる形で，多様な外部報告事項の統合度を高めた報告を実施するための方法として，統合報告（integrated reporting）による外部報告が存在する。国際統合報告評議会（IIRC）が公表した国際統合報告フレームワーク（The International <IR> Framework）（以下「フレームワーク」という）では，統合報告書を「組織の外部環境を背景として，組織の戦略，ガバナンス，実績，及び見通しが，どのように短，中，長期の価値の創造，保全又は毀損につながるのかについての簡潔なコミュニケーション」と定義している（フレームワーク1.1）。統合報告は，企業の価値創造（保全または毀損を含む。以下同じ）に焦点を当てた簡潔な報告を，財務資本の提供者を主たる利用者と想定して実施する外部報告である。すなわち，統合報告は，図表1－2－2において領域ⅠおよびⅡをカバーする位置付けの外部報告として位置付け

られており，企業の価値創造プロセスを報告するために，財務諸表等の情報に
限定されない領域も含めた統合的な報告を行うことが志向されている。統合報
告における具体的な開示項目として，フレームワークは価値創造に関連する**図
表1－2－4**の8つの要素の開示を行うものとしている。

| **図表1－2－4**　統合報告書の要素 |
| --- |
| A. 組織概要と外部環境，B. ガバナンス，C. ビジネスモデル，<br>D. リスクと機会，E. 戦略と資源配分，F. 実績，<br>G. 見通し，H. 作成と表示の基礎 |

　こうした開示項目の背景には，フレームワークがモデル化した企業の価値創
造プロセスについての捉え方が存在する。フレームワークの価値創造プロセス
は，6種類の資本（財務資本，製造資本，知的資本，人的資本，社会・関係資
本，自然資本）がインプットとして事業に導入され，事業活動を経てアウト
プット（製品，サービス等）を生み出し，結果（アウトカム）が6種類の資本
に影響を与えるプロセスとしてモデル化されている。ここでインプットがアウ
トカムに変換されていく仕組みがビジネスモデル（図表1－2－4のC）とさ
れており，企業の価値創造プロセスの中核的存在として位置付けられている。
加えて，図表1－2－4に示されているとおり，ビジネスモデルに関連・影響
する他の要素とその相互関係の報告が求められている。
　統合報告は制度報告ではないが，わが国企業の間でも実施が拡大してきた。
もとより任意開示であるが，フレームワークと称される指針の名称が示すとお
り，報告の自由度が高く企業による工夫の余地が大きいものの，報告事項の範
囲や深度や報告事項の統合度にはばらつきが大きい傾向にある。また，統合報
告書は，定義にあるとおり簡潔な報告が志向されており，企業価値の評価に必
要な詳細度の情報をすべて得られることまでは期待できない。

## ④　開示情報の表現に基づく全体像

　こうした開示情報の種類やその併存の観点から外部報告の全体像を整理すれ
ば，**図表1－2－5**のとおりとなる。

| 図表1－2－5 | 開示情報の表現による外部報告の全体像 | | |

| | 貨幣的評価 | その他の定量的な計数 | 記述情報 |
|---|---|---|---|
| 異なる報告事項を合算・統合せず，複数の種類の情報を混在させて報告 | ●財務諸表・注記やGRIスタンダードによるサステナビリティ開示など現行の外部報告実務の支配的な報告形態。<br>●統合報告フレームワークに基づく報告では，企業の価値創造に焦点を当てて，関連する内容を統合的に報告することが志向される。 | | |
| 単一種類の情報（貨幣的評価）に集約・統合して報告 | ●財務諸表は貨幣的評価値である純利益等の情報が中心。<br>●インパクト加重会計による報告（記述による補足説明は付属） | － | － |

　図表1－2－5に示されているとおり，サステナビリティ報告は特に報告される情報の表現という視点からは特殊性はないと考えられる。ただし，次章以降で説明されるとおり，サステナビリティ報告においては財務諸表以上に多様性のある情報が並行して報告されることが求められており，その他の定量的な計数についても幅が広くなるという傾向を持っている。

## （5）　報告主体・対象や情報流通の視点

　ここまでの説明では，企業自ら実施する直接的な外部報告を念頭に置いてきた。外部報告の報告対象である企業に関する事項について最もよく情報を把握できるのは企業自身であり，自ら報告を実施する外部報告が企業の外部報告の中心を占めている。

　ただし，これとは少々異なる外部報告や情報も存在する。例えば，CDPは企業への調査票の送付と回収・分析を基礎としたデータベースの構築と運用を行っており，企業が提出した調査票自体に加え，企業のスコアなども公表して

いる。CDPが実施している行為を，企業から得た情報（質問票への回答）を外部の利用者にまとめて参照可能な状態にするための情報処理・流通活動とみれば，法定開示書類のデータベース（日本であればEDINET等）の運用と同一の情報提供・仲介行為を果たしているのみであり，外部報告の主体は企業である。他方，CDPが実施している行為を，企業が直接外部報告を行うことに代えてレーティングも付与する形で比較可能性を高めた情報提供を行っていると考えるのであれば，企業が自ら実施する外部報告とはやや異なる外部報告（企業との協働による外部報告または間接的な外部報告）とみる余地もあるのかもしれない。

　CDP以外にも，公表情報や質問票などにより収集した情報に基づいて企業のサステナビリティ対応・ESG状況等を評価する組織は多数存在し，その評価結果は投資家などに提供されている。こうした評価機関の行為は企業の外部報告そのものではなく，情報ベンターまたは収集した情報に分析・レーティングなどの付加価値を付すことによって投資家の分析を支援する役割を果たしている存在と位置付けることが一般的であろう。このような組織の情報は，企業の外部報告を利用する代替または前段の作業（例えば投資先の絞込み）として投資家などに広く利用されており，その分析・レーティングが大きな影響を持つ場合もある。このため，こうした情報は厳密には外部報告を構成しないとしても，その果たしている役割は外部報告に近似している。

　報告を行う対象が特定されているか否かも外部報告を分類する視点となる。高品質な報告基準に基づく標準化された外部報告を広範な利用者に向けて実施することによって，多数の投資家や評価機関からの情報提供要請に個別の対応を行うことが不要となる効果が期待されることがある。このような基準に基づく広範な利用者への統一的な外部報告は一般目的の報告と称され，特定された利用者に向けた外部報告である特別目的の報告と区分される。こうした区分に基づいて表現すれば，企業の外部報告の全体像は，一般目的の報告によって広範な利用者の情報ニーズを充足させつつ，必要・状況によって特別目的の報告も実施することで構成されていると整理することもできる。有価証券報告書による外部報告は一般目的の報告であり，ESG評価機関への情報提供は特別目的の報告と捉えるのがその例である。

　サステナビリティ報告の基準設定などが進むことで一般目的の報告の比重が高まれば，企業の特別目的の報告の負担が軽減されることに加え，投資家間の情報格差やインサイダー情報のリスクの低減などの効果も期待しうる。その意味では，第1節で示した第2の変化（報告の制度化と規律の強化）は単純な報告の負担増に一方的につながるものではないとも考えられる。また，一般目的の報告は報告を行う企業がその正確性を担保するための内部統制を整備するためのインセンティブが働きやすく，外部の保証なども加われば，より正確な情報に基づく企業評価につながることになる。この場合には，評価機関の役割としては情報の入手・流通よりも分析の比重が高まることになると考えられる。

＊

　本章では企業の外部報告の全体像や要素を複数の視点から分析し，外部報告におけるサステナビリティ報告の位置付け，報告領域・主題や想定利用者に基づく異なるサステナビリティ報告の類型を整理した。また，こうした整理に基づいて，関係基準の課題や報告実施上の注意点，さらには今後の展望も示すように試みた。グローバルな基準設定主体の収斂が進んでいる中でも，現実的には複数基準への対応が必要となる状況が継続する見通しにも触れている。次章以降では，こうしたサステナビリティ報告の内容を規定する関係基準のより具体的な内容を説明していく。

# 第 2 章

# IFRSサステナビリティ開示基準

# 第1節 ┃ IFRSサステナビリティ開示基準の概要

## (1) 設定組織

### ① 国際サステナビリティ基準審議会（ISSB）

　IFRSサステナビリティ開示基準（IFRS Sustainability Disclosure Standards）（以下，単に「基準」という）は，国際サステナビリティ基準審議会（International Sustainability Standards Board：ISSB）によって設定されている。ISSBはIFRS財団（IFRS Foundation）傘下に設置されている組織であり，IFRS財団の定款（Constitution）に基づき**図表２−１−１**の活動を行うこととされており，基準設定にかかる意思決定の最終責任を有している。

**図表２−１−１** ISSBの権限・義務・活動事項

| 活動 | 活動の内容 |
|---|---|
| ① ISSBの基準設定に関する事項（technical matters）についての最終責任 | ●基準および公開草案を作成・公表する。 |
| ② 公開草案などの公表（※） | ●すべてのプロジェクトについて意見募集のための公開草案を公表する。<br>●主要なプロジェクトについては通常，討議文書（discussion document）を公表する。 |
| ③ 基準設定アジェンダ（technical agenda）の決定 | ●IFRS財団の評議員（Trustees）への相談および最低５年に一度の意見募集を行った上で，基準設定を進めるテーマなどを決定する。 |
| ④ 基準設定アジェンダの開発および追求 | ●アサインメントに完全な裁量を有し，他の組織にその一部を外部委託することもできる。 |
| ⑤ 公開草案へのコメント対応 | ●コメントをレビューするプロセスを決定する。 |

| ⑥　作業グループ等の組成（※） | ●主要なプロジェクトについては，通常，作業グループまたは他の専門的な助言グループを組成する。 |
|---|---|
| ⑦　諮問会議（Advisory Council）への諮問 | ●主要プロジェクト，アジェンダ決定，プロジェクトの優先度について諮問会議へ相談を行う。 |
| ⑧　国際会計基準審議会（IASB）との協働 | ●IFRS会計基準と整合・一貫するIFRSサステナビリティ開示基準を開発することを目的に，IASBとの協働の手続をIASBとともに設定する。 |
| ⑨　結論の根拠（Basis of Conclusion）の公表（※） | ●通常，基準または公開草案とともにその結論の根拠を公表する。 |
| ⑩　公開ヒアリング（public hearing）の実施（※） | ●すべてのプロジェクトについて実施することは強制されないが，基準案を議論する公開のヒアリングの開催を検討する。 |
| ⑪　実地テスト（field test）の実施（※） | ●すべてのプロジェクトについて実施することは強制されないが，基準案がすべての環境で実践的かつ機能する（practicable and workable）ことを確認するために，先進国および発展途上国の両方での実地テストの実施を検討する。 |

（※）必須手続であり，これに従わない場合には理由の説明が必要とされる。
出所：IFRS財団定款（58項）から筆者作成

　こうしたISSBの権限・義務・活動は，同じIFRS財団傘下でIFRS会計基準を設定しているIASBとおおむね同内容となっているが，IFRSサステナビリティ開示基準については解釈指針の策定が想定されていないため，ISSBは当該権限を有しない点では両者は明確に異なっている。

　なお，ISSBの公表する基準および公開草案は英語によるテキストが正本とされているが，ISSBは公式の翻訳を自ら公表するか，翻訳を公表する権利を他者に認めることがあるとされている（IFRS財団定款59項）。

　こうした活動を担うISSBの組織および議決については，**図表2－1－2**の事項がIFRS財団の定款により定められている。

| 項目 | 定款に定められた事項 |
|---|---|

**図表 2 - 1 - 2** ISSBの組織および議決

| 項目 | 定款に定められた事項 |
|---|---|
| ① ISSB を構成する理事 | ●通常14名から構成（最低 8 名）され，IFRS財団の評議員（Trustees）により任命される（44項）。<br>●通常，3 名がアジア・オセアニア地区，3 名がヨーロッパ，3 名が米州，1 名がアフリカ，その他 4 名は全体的な地理的バランスが不均衡とならない範囲でいずれの地区からも選任可（45項）。<br>●議長 1 名，副議長（2 名まで）が評議員により選任（46項）。<br>●当初の任期は 5 年で，その後最大 5 年まで任期の延長（当初任期と合わせて最大10年まで）が可能（49項）。 |
| ② 会議・決議 | ●原則，公開会議（53項）。<br>●議決には各理事が 1 票を有し，単純多数決により決するが賛否同数の場合，議長が決定票（casting vote）を投じて決定する。<br>●基準の公開草案または基準は，理事が14名の場合は 9 名の賛成（理事が13名以下の場合は 8 名の賛成）が必要。過渡的措置として，理事が12名に達しない状態においては単純過半数プラス 1 票の賛成で公開草案・基準の公表が可能（54項）。<br>●ディスカッション・ペーパーの公表を含むその他の決定は，最低60%の理事が出席する会議での単純多数決で決定。 |

出所：IFRS財団定款から筆者が作成。項番は定款の項番

　こうしたISSBの組織および議決についての規定もおおむねIASBを踏襲しているが，理事の地理的配分の要件が緩和されているほか，理事の任命が完了されていないISSBの組成途上で基準作成を進捗させるための決議要件の緩和が行われている点は，ISSBのみの特徴である。

### ②　IFRS財団

　IFRS財団は，もともと会計士の国際団体であった国際会計基準委員会（IASC）に起源を持ち，IASC財団として2001年に設立された後，2010年に改称により現在の名称となっている。IFRS財団の目的は**図表 2 - 1 - 3** のとおりであり，これがISSBの目的やその設定する基準の性格を規定している。

**図表2－1－3　IFRS財団の目的**

| 目的 | 具体的内容 |
|---|---|
| ① IASBおよびISSBを通じた一般目的財務報告[1]のグローバル基準の設定 | ●公益のために，高品質，理解可能，強制可能（enforceable）かつグローバルに受容される基準である基準（IFRS基準）を，明確な原則に基づいて，一般目的財務報告用に開発する。<br>●IASBは会計基準（IFRS会計基準）の開発，ISSBはサステナビリティ開示基準（IFRSサステナビリティ開示基準）の開発に責任を持つ。<br>●両基準が相互に補完し，世界の資本市場の参加者が経済的意思決定を行うために有用な，高品質で透明性が高い比較可能な情報が財務諸表およびサステナビリティ開示において提供されることにつながることが意図されている。 |
| ② IFRS基準の利用および厳格な適用の促進 | ●IFRS財団自体は特定国・法域や企業によるIFRS基準の利用や適用を強制する権限を有さず，その利用および厳格な適用を促進する。 |
| ③ 多様な経済環境におけるニーズの考慮 | ●上の目的①および②を充足するにあたり，多様な経済環境に置かれた一定の範囲の規模および種類の企業のニーズを適切に考慮する。 |
| ④ 国・地域の基準との収斂（convergence） | ●国・地域の基準とIFRS基準の収斂により，IFRS基準の適用の促進およびファシリテーションを行う。 |

出所：IFRS財団定款（2項）より筆者作成

　このように，ISSBの設定するIFRSサステナビリティ開示基準はグローバルな資本市場における利用を想定した一般目的財務報告用の基準であり，IFRS会計基準と一体として機能することが定款上想定されている。ただし，後述するとおり，実際には両者がペアで利用されることは基準上強制されない。

---

1　一般目的財務報告（general purpose financial reporting）については本書第1章において説明した一般目的の報告のうち，財務報告に該当する報告である。IFRS財団の定款はこの用語を定義していない。一般目的財務報告（general purpose financial report(s)）は財務報告に関する概念フレームワークおよびIFRS S1号で異なる定義をされているが，企業に資源を提供する者への財務情報の報告であるという点は共通である。

　IFRS財団は評議員（Trustees）により運営されており，評議員が財団の運営（資金，運営手続，法人格の決定，所在地など），IASBおよびISSB理事の任命などの人事，財団の戦略設定などを担っている（IFRS財団定款14〜18項）。ISSBおよびIFRS財団は，上述のとおり公益のための活動を目的としているが，民間組織[2]であるため，公的権限を持つ当局との公式な連携（formal link）を担うモニタリング・ボード（Monitoring Board）が設定されている。モニタリング・ボードのメンバーは資本市場監督当局等であり，モニタリング・ボードとIFRS財団の合意に基づき，評議員の選任プロセスへの参加，評議員の責任充足のレビューおよび助言等を行っている（IFRS財団定款19〜24項）。こうしたIFRS財団の構造・組織は 3 層のガバナンス構造（three-tier governance structure）と称されている。

## （2）　ISSB設立と基準設定までの経緯

### ①　ISSB設立まで

　2010年代には，国際社会や資本市場の状況から，現行の財務諸表等の情報のみから企業活動について全体的状況を把握することには無理があるという認識が広がり，基準設定組織間の連携も含め，企業の外部報告の改善のための具体的な動きが表面化するようになっていった。

　2014年には，IIRC（International Integrated Reporting Council：国際統合報告評議会）による企業報告についての対話（The Corporate Reporting Dialogue）が立ち上がり，会計基準設定主体（IASB，FASB）およびサステナビリティ開示基準等の設定組織（SASB，CDP，CDSB，GRI，IIRC，ISO）が関与する形で，基準間の相違点の確認や関連する報告書の公表などが進められた。また，同年にはEUで「非財務および多様性情報の開示指令」（Non-Financial Reporting Directive：NFRD）が制定され，その対象となる企業による非財務情報開示の拡大が進められることになった。

---

2　IFRS財団は米国デラウエア州において州法に基づいて設立された非営利組織であり，英国およびウエールズにおいて海外企業（overseas company）として登記されている。

　2015年には，金融安定理事会（FSB）によりTCFDが設置され，2017年には最終報告書であるTCFD提言の公表に至り，企業の主たる開示資料の中で財務諸表に加えて気候関連の開示を行うべきことが提唱された。なお，2015年には，国連気候変動枠組条約第21回締約国会議（COP21）でパリ協定が採択されている。

　その後も，2019年12月に，ヨーロッパの会計士の団体であるAccountancy Europeが「企業報告のための相互に接続された基準設定」（Interconnected Standard Setting For Corporate Reporting）というペーパーを公表し，IFRS財団傘下に会計基準および非財務報告の基準それぞれを設定する組織を置く形を含む複数のグローバル基準の設定方式を提案し，関係者の意見を募集・検討している。また，2019年に欧州委員会は「欧州グリーンディール」を発表し，EUを持続可能な未来へ移行させるための包括的な施策の一部として，NFRDの見直しなどが施策化されている。

　その後，2020年 9 月には，第 1 章で説明した 5 つの組織による共同声明が公表されており，関係組織による協働の必要性が強調されていた。

## ②　ISSB設立に向けた動き

　こうした状況の中，2020年 9 月30日にIFRS財団は「サステナビリティ報告についての市中協議文書」（Consultation Paper on Sustainability Reporting）を公表し，IFRS財団のサステナビリティ報告に関する役割への意見募集を開始した。この意見募集は，2019年10月にIFRS財団評議員のイニシアチブで設置されたタスクフォースが準備したもので，2019年 1 月に開始されたIFRS財団による 5 年に一度の戦略レビューにも関連するものであった。

　この協議文書では，サステナビリティ報告の広範な関係者（投資者，企業，中央銀行，資本市場監督当局，公共政策立案者，監査法人など）のニーズ，基準の供給側（基準設定主体）の課題などを踏まえて，現状維持および既存の他組織の施策のファシリテートでは状況改善が十分にできない可能性があり，市中協議文書への反応によっては自ら基準設定主体を設置する可能性を示し，その他の関連詳細を示して，関係者の意見募集を行った。

　意見募集の結果をまとめたフィードバック文書(IFRS Foundation Trustees'

Feedback Statement on the Consultation Paper on Sustainability Reporting）
は2021年4月に公表され，IFRS財団の関与に広範な支持が確認されたとして
いる。さらに，IFRS財団はフィードバック文書の公表に先立って，2021年2
月に公表された証券監督者国際機構（IOSCO）の支持声明[3]も踏まえ，2021年
3月にはIFRS財団傘下に設定する組織の取組みの方向性などを公表し，基準
設定主体の設置に向けた進捗を明らかにしている[4]。ここで示された方向性は次
の4点を骨子としている。

---

① 投資家・資金提供者にとって重要な情報にフォーカスする企業価値の報告
  を志向する。
② サステナビリティ全体を範囲とするが，気候関連事項を優先する。
③ TCFD提言などの他の組織等により設定された既存のフレームワークを活
  用する。
④ ISSBの基準はグローバル・ベースラインとなることを志向し，主要な国・
  地域の基準設定主体と協働する（ビルディング・ブロック・アプローチ）。

---

④でいうグローバル・ベースラインとは，国・地域の事情に応じてISSBの
基準に上乗せ開示が必要とされる可能性を踏まえつつ，ISSBの基準が国・地
域を越えて共通のサステナビリティ領域の開示ルールの基盤となることを意味
する。

その後2021年4月に，IFRS財団は，ISSBの設置をIFRS財団の定款に反映す
るための変更を加えた定款の改訂案（Exposure Draft: Proposed Targeted
Amendments to the IFRS Foundation Constitution to Accommodate an
International Sustainability Standards Board to Set IFRS Sustainability
Standards）を公表した。意見募集を経て，定款の改訂は2021年11月に完了し，
COP26においてISSBの設立が公表された。改訂された定款に基づくIFRS財団

---

3 IOSCO sees an urgent need for globally consistent, comparable, and reliable sustainability discl
  osure standards and announces its priorities and vision for a Sustainability Standards Board under
  the IFRS Foundation（24 February 2021）
4 IFRS Foundation Trustees announce strategic direction and further steps based on feedback to
  sustainability reporting consultation（08 March, 2021）

およびISSBの役割・活動は前述のとおりであり，第１章で触れた基準設定主
体等の統合が進められることも同時に発表されている。

### ③　ISSBの基準設定

　ISSBは設立後，基準策定を進め，2022年３月31日に次の２つの公開草案（以
下「両公開草案」という）を公表した。

> ● 公開草案IFRS S1号「サステナビリティ関連財務情報の開示に関する全般的
> 要求事項」（Exposure Draft IFRS S1, General Requirements for Dis-
> closure of Sustainability-related Financial Information）（以下「S1公
> 開草案」という）
> ● 公開草案IFRS S2号「気候関連開示」（Exposure Draft IFRS S2, Climate-
> related Disclosures）（以下「S2公開草案」という）

　両公開草案は，ISSBの設置の公表に合わせて公表された技術的準備ワーキ
ング・グループ（TRWG）の提言であるプロトタイプ（公開草案の原型）を
ベースに，ISSBの検討を加えて公表されたものである。TRWGは，IASB，
CDSB，TCFD，VRF，世界経済フォーラム（WEF）から構成され，IOSCO
などがオブザーバーとして参加している組織であり，ISSBの設置前からISSB
の活動の加速のためにテクニカル・戦略の両面でISSBに対しての勧告を準備
してきた。
　両公開草案へのコメント期限である2022年７月29日までの期間に，400回以
上の関係者の意見聴取（アウトリーチ）が開催され，1,400通以上のコメント
がISSBに提出された。その後，ISSBは寄せられた意見などを踏まえた再審議
を行い，2023年６月26日に次の国際サステナビリティ開示基準の公表に至って
いる。

> ● IFRSサステナビリティ開示基準S1号「サステナビリティ関連財務情報の開示
> に関する全般的要求事項」（IFRS Sustainability Disclosure Standard S1
> General Requirements for Disclosure of Sustainability-related
> Financial Information）（以下「IFRS S1号」または単に「S1号」という）

> ●IFRSサステナビリティ開示基準S2号「気候関連開示」(IFRS Sustainability Disclosure Standard S2 Climate-related Disclosures) ( 以 下「IFRS S2号」または単に「S2号」という)

　IFRS S1号およびIFRS S2号は，S1公開草案およびS2公開草案の内容をおおむね踏襲しているが，関係者の意見を踏まえて適用時のハードルを下げるための工夫を導入するなどの修正が加えられている。

　IFRS S1号およびIFRS S2号の公表を受け，IOSCOは両基準の検討を完了させ，両基準のエンドースメントを2023年7月に公表した[5]。これによりIOSCOは，加盟法域の資本市場当局に両基準を各法域の規制のフレームワークに組み込む検討を呼びかけている。これは，IASBが作成した会計基準がIOSCOのエンドースメントを経て国際的な利用につながった経緯が念頭に置かれている。

　加えて，ISSBは各法域および企業と協力してその導入を支援していくとしており，両基準を適用するための移行支援グループ（Transition Implementation Group）の設立および効果的な基準の適用を支援するためのキャパシティ構築の取組みなどのIFRS S1号およびIFRS S2号の適用環境の整備を進めている。

## （3）　IFRSサステナビリティ開示基準の特徴

　IFRSサステナビリティ開示基準は，前述のとおり，投資家を中心とする資本市場の参加者の情報ニーズに応えるグローバル・ベースラインという機能を志向しているほか，次の4つの特徴があると考えられる。

### ①　特徴①：先行基準の利用

　第1に，IFRSサステナビリティ開示基準はISSBがゼロから創作したものではなく，ISSBに先行して提言・規範設定を行ってきた複数の組織の成果に基づくという点である。IFRSサステナビリティ開示基準の開示事項の大枠は

---

[5] IOSCO endorses the ISSB's Sustainability-related Financial Disclosure Standards（25 July 2023）

TCFD提言に基づいているほか，SASBスタンダードに由来する産業別開示の要求事項が取り入れられている。それ以外にも，CDSB，IASB，VRF，世界経済フォーラムの取組みが活用されている部分も存在する。

　中でも，後述するとおり，IFRS財団傘下の姉妹組織に当たるIASBが設定しているIFRS会計基準と重要な概念・用語が共有されているほか，財務諸表とのつながりも意識し，ISSBはIASBと緊密に連携して作業を進めている。この点は，ISSBが迅速に基準を設定するために貢献したと考えられるほか，ISSBの基準が受容されやすくなることや，これまでの基準との連続性の確保などの意義もあると考えられる。

## ②　特徴②：経済的意思決定のための情報

　第2に，IFRSサステナビリティ開示基準は単独で投資家が必要とする情報をすべてカバーする基準ではなく，第1章で説明したとおり，企業による外部報告の3つの構成要素のうちの1要素（第1章図表1－2－2の領域Ⅱ）として意図されているという点である。すなわち，投資家の情報ニーズに対応する最初の構成要素として財務諸表等があり，IFRSサステナビリティ開示基準は財務諸表等の作成について定めている会計基準と相互補完して投資家の情報ニーズに対応することが意図されている。IFRS財団傘下のIASBとISSBが連携することで，3要素のうちの2つの構成要素の統合的・補完的関係が維持されることが期待されると同時に，ISSBはGRIとの協働を進めることで第3の構成要素との関係にも配慮する方針を示している点は，第1章において触れたとおりである。

## ③　特徴③：3×4の体系

　第3に，基準の体系も特徴的である。IFRSサステナビリティ開示基準は，(i)全般的基準，(ii)気候などのテーマ別の各産業共通の要求，(iii)産業別の要求という3種類の分野から構成される基準の体系が意図されており，そのいずれにも，TCFD提言から採用された4つの柱（ガバナンス，戦略，リスク管理，指標及び目標）がコア・コンテンツとして共通して用いられる。これにより，TCFD提言の4つの柱が基準の領域を問わず一貫する構造が成立することにな

る。また，産業別の要求を示すことは，IFRS会計基準が業種別の基準設定とは距離を置くスタンスを取ってきたことと対照的である。

### ④　特徴④：相互運用可能性への配慮

最後に，同時期に広範なESG領域の開示を規定するサステナビリティ報告の基準設定を進めてきた欧州委員会による基準との整合性および相互運用可能性（interoperability）について配慮しつつ基準設定を行っている点も，特徴といえるかもしれない。欧州委員会が2023年7月に欧州サステナビリティ報告基準（ESRS）を採択した際には，欧州委員会等とISSBが進めてきた共同作業の成果として気候開示についての高い整合性が確認された旨，および，今後も共同作業を継続する旨が，ISSBにより公表されている[6]。

IFRS会計基準においては米国会計基準とのコンバージェンスが焦点となった時期が存在し，さらに遡れば多数の国に分散的に存在した国・地域ごとの会計処理の違いの集約がIFRS会計基準のテーマとなった時期も存在した。一方で，サステナビリティ情報開示については，調整対象がさしあたりEUに限定されていただけとも考えられる。今後，EU以外の国・地域での基準設定が進んだ際にどのような対応が必要になるかも注目される。

## （4）　今後の基準設定の展望

ISSBは，IFRS S1号およびIFRS S2号の適用の支援に向けた活動を進めるほか，他のテーマを直接的にカバーする基準の設定を行うことも予想される。

ISSBは，IFRSサステナビリティ開示基準の完成に先立って，情報要請「アジェンダの優先度に関する協議」（Request for Information, Consultation on Agenda Priorities）を2023年5月4日に公表しており，次の4領域についてのフィードバックを求めた。

① 生物多様性，生態系および生態系サービス
② 人的資本

---

6　European Commission, EFRAG and ISSB confirm high degree of climate-disclosure alignment（31 July, 2023）

③　人権
④　報告における統合プロジェクト（integration in reporting）

　情報要請へのコメント期限は2023年 9 月 1 日であり，ISSBの将来のアジェ
ンダはまだ見通せないものの，将来的には現在よりも広範な領域についての基
準が設定されることを想定しておく必要がある。また，こうした取組みにおい
ては，自然関連財務情報開示タスクフォース（TNFD）やEUによる先行する
取組みも活用され，よりスピーディーかつ先行する実務と整合的に基準設定が
進む可能性もある。

　加えて，公表済みのIFRSサステナビリティ開示基準に加え，IFRS財団に集
約された関係組織の基準の維持・改善[7]や，ビルディング・ブロックの他の要
素の変化への対応などが実施される可能性もある。例えば，IASBは企業が財
務諸表において気候関連の不確実性についてのプロジェクト（Climate-related
and Other Uncertainties in the Financial Statements）の開始を公表している
ほか，IASBとISSBが共同で対応するとしている統合報告フレームワークへの
対応や，ISSB設立以前からIASBが検討を行ってきた経営者による説明
（Management Commentary）と呼ばれる財務諸表を補完する情報についての
対応がその例である。

　基準の内容面についての対応に加え，デジタル報告への対応も進められてい
る。ISSBは2023年 7 月23日にIFRS S1号およびIFRS S2号に対応するタクソノ
ミーについての公開草案を公表し，意見募集を経て2024年の最終化に向けた検
討を行っている。

　ISSBによる基準設定はまだ始まったばかりであるが，IFRS S1号および
IFRS S2号を基礎として，より包括的な基準の体系を段階的に整備していくこ
とが想定される。そのペースや領域については今後のISSBの活動を注視する
必要がある。

---

7　ISSBは2023年 5 月11日に公開草案「SASBスタンダードの国際的な運用可能性を向上させるため
　の方法論及びSASBスタンダード・タクソノミのアップデート」を公表し，意見募集を行った。そ
　の後，2023年12月20日にSASBスタンダードの改訂が完了している。

# 第2節 ┃ IFRS S1号「サステナビリティ関連財務情報の開示に関する全般的要求事項」の概要

## （1） IFRS S1号の構成

　本節ではIFRS S1号の概要について解説する。IFRS S1号は，以下の**図表2－2－1**のような構成になっている。付録までが基準を構成しており，それ以降の例示的ガイダンス，設例，結論の根拠等は，基準の趣旨を理解し，その適用を支援するために作成されたものであり，基準を構成していない。本節で示した項番はIFRS S1号の項番である。

図表2－2－1　IFRS S1号の構成

| IFRS S1号　サステナビリティ関連財務情報の開示に関する全般的要求事項 |
| --- |
| 目的 |
| 範囲 |
| 概念的基礎 |
| ・適正な表示 |
| ・重要性（Materiality） |
| ・報告企業 |
| ・つながりのある情報（Connected information） |
| コア・コンテンツ |
| ・ガバナンス |
| ・戦略 |
| ・リスク管理 |
| ・指標および目標 |
| 全般的要求事項 |
| ・ガイダンスの情報源 |
| ・開示場所 |
| ・報告のタイミング |
| ・比較情報 |
| ・準拠表明 |
| 判断・不確実性・誤謬 |
| ・判断 |
| ・測定の不確実性 |

> ・誤謬
> 付録
> 　A　用語の定義
> 　B　適用指針
> 　C　ガイダンスの情報源
> 　D　有用なサステナビリティ関連財務情報の質的特性
> 　E　発効日および経過措置
>
> ISSBによる承認
> 例示的ガイダンス
> 設例
> 結論の根拠

出所：IFRS S1号に基づき筆者作成

## （2）　IFRS S1号の目的

　IFRS S1号の目的は，一般目的財務報告書の主要な利用者の意思決定に有用な，サステナビリティ関連のリスクおよび機会に関する情報を企業に開示させることである（1項）。

　IFRS S1号のエッセンスはここに凝縮されているといえるが，もう少しこの目的を掘り下げてみたい。

### ①　「サステナビリティ」

　まずは，「サステナビリティ」という言葉だが，IFRS S1号では気候，生物多様性，人的資本のような個別の「サステナビリティ」のテーマを扱っているのではなく，それらを包含する包括的な基準となっている。したがって，すべての「サステナビリティ」に関連するリスクや機会がIFRS S1号の対象となる。

　しかし，「サステナビリティ」という言葉は，IFRS S1号の中で直接的には定義されていない。この点，2項やB2項によれば，企業が短・中・長期でキャッシュ・フローを創出する能力は，社会，経済および自然環境等とバリュー・チェーンを含む企業グループとの間の切り離すことのできない相互作用に依存しており，このような相互作用から生じる様々な事象が「サステナビリティ」の構成要素になりうると考えられている。すなわち，その範囲は非常

に幅広く，かつ必ずしも明確ではないことが前提になっている。そして，この相互作用から生じる依存関係や影響が，企業の将来キャッシュ・フローの創出能力に影響を及ぼす「サステナビリティ」関連のリスクおよび機会を生じさせるとされている。**図表２－２－２**は，この考え方を視覚的に整理したものである。

　また，B3項では，企業のビジネスモデルが天然の水資源に依存しているケースを用いて，この考え方を例示している。この例示では，企業の活動は，天然の水資源の水質や水量などに影響を及ぼすこともあれば，それらの影響も受けており，水質の悪化や水の枯渇が生じれば，企業の営業活動が停止に追い込まれるリスクがあり，それは企業のビジネスモデルや戦略，そして最終的には経営成績や財政状態にも負の影響を及ぼしうるとされている。逆に，水の再生や保存は，企業に正の影響を及ぼしうるともされている。このような事象が「サステナビリティ」の対象になってくると考えられる。

**図表２－２－２**　サステナビリティ関連のリスクおよび機会の考え方

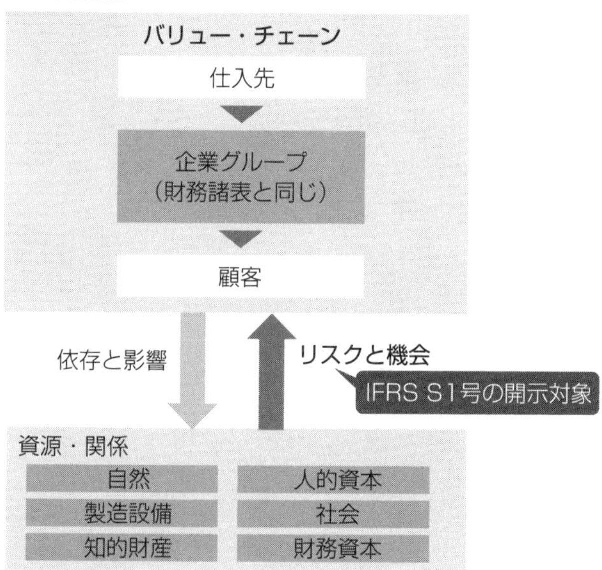

出所：IFRS S1号に基づき筆者作成

## ②　「一般目的財務報告書の主要な利用者」

次に，「一般目的財務報告書の主要な利用者」という言葉に着目してみたい。
この言葉は付録Aの用語の定義に含まれており，その定義は，現在および将来の投資者，融資者，その他の債権者（以下「投資家等」という）となっている。これは，IFRS会計基準における財務諸表の主要な利用者の定義と同一である。

一般目的財務報告書の中には財務諸表も含まれるため，同じ利用者を想定するのはある意味で当然と考えられるが，投資家等以外の利用者（例えば，従業員，取引先，地域社会や市民，政府，NGO団体等）が含まれていないことは，IFRS S1号に基づくサステナビリティ情報の開示においては重要な特徴といえるであろう。これは，いわゆるシングル・マテリアリティという考え方であり，例えば第3章で説明するEUにおけるサステナビリティ情報の開示が，投資家等だけでなく，従業員，取引先，地域社会や市民，政府，NGO団体等を含む幅広い関係者を利用者として想定し，いわゆるダブル・マテリアリティというアプローチを採用していることとは異なるアプローチとなっている。

## ③　「意思決定に有用な」

そして「意思決定に有用な」という言葉にも着目しておきたい。これは，主要な利用者を投資家等としていることから，投資家等の意思決定にとって有用という意味であり，3項に示されているとおり，企業の短・中・長期でのキャッシュ・フロー，資金調達へのアクセスおよび資本コストに影響を与えることが合理的に期待されるような，すべてのサステナビリティ関連のリスクおよび機会の情報が開示されなければならないことを意味している。このようなリスクおよび機会は，総称して，「企業の見通しに合理的に影響を及ぼしうるサステナビリティ関連のリスクおよび機会」と呼ばれている。

## （3）　IFRS S1号の適用範囲

IFRSサステナビリティ開示基準に準拠してサステナビリティ関連財務開示を作成し報告する場合には，企業はIFRS S1号を適用しなければならない（5

項）。

（2）で触れたとおり，IFRS S1号の主要な利用者は投資家等であるため，企業の見通しに合理的に影響を及ぼしうることのないサステナビリティ関連のリスクおよび機会には，この基準は適用されない。また，IFRS S2号のような特定のテーマに関するサステナビリティ関連のリスクおよび機会に関する開示要求の定めがある場合には，そちらに従う。**図表2－2－3**はこの考え方を視覚化したものである。

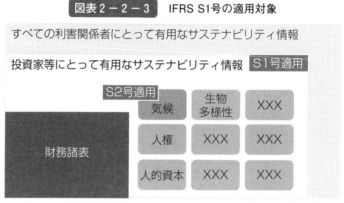

図表2－2－3　IFRS S1号の適用対象

出所：IFRS S1号に基づき筆者作成

なお，IFRSサステナビリティ開示基準はGAAP-agnosticという考え方を採

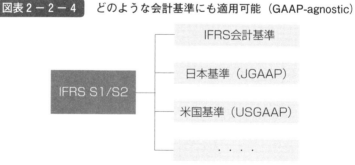

図表2－2－4　どのような会計基準にも適用可能（GAAP-agnostic）

出所：IFRS S1号に基づき筆者作成

用しており，企業の財務諸表がIFRS会計基準を含むいかなる会計基準（日本
基準や米国基準も含む）で作成されていても，IFRSサステナビリティ開示基
準を適用することができるとされている。**図表2－2－4**はこの考え方を視覚
化したものである。

## （4）　概念的基礎

　サステナビリティ関連財務開示が有用であるためには，その情報は関連性が
あり，忠実に表現されたものでなければならない。この「関連性」と「忠実な
表現」が，サステナビリティ関連財務開示が有用であるための根幹となる質的
特性である。また，情報の有用性は，比較可能性，検証可能性，適時性および
理解可能性を備えることによって，さらに高められることができるとされてい
る（10項）。

　これらの質的特性の詳細な説明は付録Dに含まれており，**図表2－2－5**は
その概要である。

**図表2－2－5**　有用なサステナビリティ関連財務開示の質的特性（付録D）

| 根幹となる質的特性 | |
| --- | --- |
| 関連性 | 主要な利用者である投資家等の意思決定に違いをもたらすことができること |
| 忠実な表現 | 情報に完全性と中立性があり，正確であること |

| 補完的な質的特性 | |
| --- | --- |
| 比較可能性 | 過去の情報や同業他社の情報との比較が可能であること |
| 検証可能性 | 知識のある独立した第三者によって，忠実な表現であることについて合意が得られること |
| 適時性 | 主要な利用者である投資家等の意思決定に影響を及ぼすことができるタイミングで情報を提供すること |
| 理解可能性 | 明瞭かつ簡潔であること |

出所：IFRS S1号に基づき筆者作成

概念的基礎は，10項を踏まえて以下の4つの項目から構成されている。

---

① 適正な表示
② 重要性（Materiality）
③ 報告企業
④ つながりのある情報（Connected information）

---

以下では，それぞれの項目について内容を見ていきたい。

## ① 適正な表示

完全な一組のサステナビリティ関連財務開示は，企業の見通しに合理的に影響を及ぼしうるサステナビリティ関連のリスクおよび機会を適正に表示しなければならない（11項）。

（2）でも触れたように，サステナビリティの範囲や定義は必ずしも明確ではないため，すべてのサステナビリティ関連のリスクおよび機会を識別することは，実務上非常に難しい課題となる。この点，12項およびB1〜B12項は，実務上の救済措置を用意している。

救済措置の1つ目は，過大なコストまたは労力をかけずに入手できるすべての合理的かつ裏付け可能な情報を利用する，というものである。これは，サステナビリティ関連のリスクおよび機会を識別する際だけでなく，バリュー・チェーンの範囲を決定する際にも適用される。この規定に基づけば，企業は内外の様々な情報源を利用することが可能な中で，必ずしも網羅的な探索を行わなくてもよいとされている。ただし，過大なコストまたは労力が何を意味するかは各企業の置かれた状況によって変わりうることであり，投資家等の情報開示ニーズを踏まえたバランスをとった対応が求められるところであろう。

2つ目は，バリュー・チェーンを通じたサステナビリティ関連のリスクおよび機会の検討範囲について，重大な事象や変化が起きた時のみ見直しを実施すればよい，というものである。重大な事象や変化の例としてはサプライヤーの変更や買収・合併などが挙げられるが，この規定によれば，検討範囲の見直しは必ずしも毎期末に実施する必要はないことになる。ただし，重大な事象や変

化は，サプライヤーの所在国での新たな規制の導入など，企業自身の行為に起
因しない形で起きることもある点には留意が必要である。

　こうした救済措置は，発展途上にあるサステナビリティ情報の開示の実務と
投資家等の情報ニーズのバランスをとるために設けられているもので，IFRS
S1号の他の箇所やIFRS S2号においても同様の救済措置が用意されている（他
の救済措置の詳細は本節（11）および第3節（9）を参照）。

　一方で，適正な表示を達成するためには，IFRSサステナビリティ開示基準
の特定の要求事項に準拠しただけでは投資家等がサステナビリティ関連のリス
クおよび機会を識別するのに十分ではない場合，追加の情報を開示することが
必要とされており，これにより，上述の質的特性を具備することができるもの
とされている点にも留意が必要であろう。

## ②　重要性（Materiality）

　企業は，企業の見通しに合理的に影響を及ぼしうるサステナビリティ関連の
リスクおよび機会のうち，重要性がある情報（material information）を開示
しなければならない（17項）。

　重要性の定義は抽象的で少しわかりにくいが，それを省略したり，誤表示し
たり不明瞭にしたりしたときに，特定の報告企業に関する財務諸表とサステナ
ビリティ関連財務開示を含む一般目的財務報告書の主要な利用者が，当該報告
書に基づいて行う意思決定に，当該情報が影響を与えると合理的に予想しうる
場合には，重要性がある（18項）とされている。この定義は，IFRS会計基準
における定義と整合的なものである。

　重要性の判断は各企業に固有のものであるため，IFRS S1号においては重要
性の閾値を示したり，特定の状況における重要性のある情報についてあらかじ
め定めたりはしていない。

　すでに述べたとおり，サステナビリティの範囲は明確ではなく，重要性のあ
るすべてのサステナビリティ関連のリスクおよび機会に関する情報を識別する
ことは実務上大きな課題となる。そのため，B20項および57〜58項では検討の
道標が示されている。詳細は本節（6）①に記載のとおりであるが，まず
SASBスタンダードを参照して，その適用可能性を考慮することが要求事項

（shall）となっており，その後に，CDSB等の他の基準や同業・同地域の他社の情報などを参照し，適用可能性を考慮することも認められている（may）。

IFRSサステナビリティ開示基準では，結果の不確実性を伴う将来事象についての開示も要求されることがある。こうした情報の重要性を判断する際には，企業は，当該事象が短・中・長期の将来キャッシュ・フローに与える金額，時期，不確実性の潜在的影響を考慮するとともに，可能性のある結果の範囲やその発生可能性についても考慮しなければならない。また，発生可能性が低い事象であっても，発生した時に影響が大きい場合には，当該事象が重要性があるかどうかについて，個別にまたは他の事象と組み合わせて判断しなければならない。

また，（4）①で述べたとおり，IFRSサステナビリティ開示基準に特別の開示要求がない事項についても，投資家等にとって重要性があるのであればその情報を開示しなければならないが，一方で，IFRSサステナビリティ開示基準に特別の開示要求があったとしても，その情報に重要性がなければ，開示は不要である。

さらに，法律や規制によって開示することが禁止（prohibit）されている情報がある場合には，当該情報に重要性があったとしても，開示しないことが認められる。すなわち，当該情報を開示しなくてもIFRSサステナビリティ開示基準に準拠したことを表明できる。ただし，法律や規制によって開示しなくてもよい（permit）とされている情報については，重要性がある場合には開示しなければならない。また，サステナビリティ関連の機会に関する情報が商業上の機密事項に当たる場合には，当該情報を開示しなくてもIFRSサステナビリティ開示基準に準拠したことを表明できる。ただし，開示をしなかった場合にはその旨を開示するとともに，開示の免除が適切かどうかについては毎期再評価しなければならない。また，この免除は機会に関する情報に限定されており，リスクに関する情報には適用できないとされている点には留意が必要である。

### ③　報告企業

サステナビリティ関連財務開示は，関連する財務諸表と同じ報告企業に対するものでなければならないとされている（20項）。関連する会計基準がIFRS会

計基準の場合には，親会社と子会社が報告企業を構成することになる。これにより，次に説明する「つながりのある情報」を提供することが可能となる。

## ④　つながりのある情報（Connected information）

　企業は，以下の種類のつながりについて，投資家等が理解できるように情報を提供しなければならないとされている（21項）。

---

(a)　情報が関連する項目間のつながり
　　※例えば，様々なリスクと機会におけるつながり（気候におけるリスク低減への対応が人的資本等他のテーマにおけるリスクの増加につながるトレード・オフなどを含む）
(b)　開示された情報間のつながり
　(i)　サステナビリティ関連財務開示の中のつながり
　　※例えば，ガバナンス，戦略，リスク管理，指標および目標の間のつながり
　(ii)　サステナビリティ関連財務開示と他の一般目的財務報告書の情報のつながり
　　※例えば，財務諸表とサステナビリティ関連財務開示とのつながり

---

　つながりのある情報（Connected information）は，IFRSサステナビリティ開示基準の最も重要な概念のひとつである。わかりやすく視覚化すると，**図表2－2－6**のようになり，一般目的財務報告書の中に含まれるすべての情報が単独で切り離されたものではなく，すべてが有機的につながりを持つことが求められているといえる。

　B40項では，つながりのある情報の記述の例が示されている。例えば，企業がサステナビリティ関連の機会を追求することにより収益が増加した場合，企業の戦略と経営成績の間のつながりが記述される。また，2つのサステナビリティ関連のリスクにトレード・オフの関係があり，トレード・オフの評価をした上で対応策を講じる場合には，企業の戦略とそれらリスクとの間のつながりについて記述される。さらに，企業がサステナビリティ関連の目標に対してコミットすることを公表したものの，当該コミットメント自体は財務諸表におけ

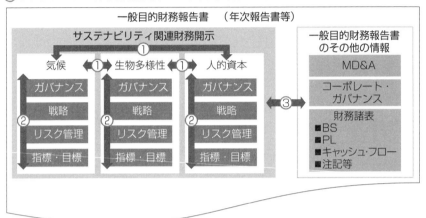

図表2－2－6　3つのつながりを考慮する

① 情報が関連する項目間のつながり（様々なリスクと機会の情報間のつながり）
② 個々のサステナビリティ関連財務開示の中でのつながり
③ サステナビリティ関連財務開示と一般目的財務報告書のその他の情報とのつながり

出所：IFRS S1号に基づき筆者作成

る認識要件を満たさず，財政状態や経営成績に影響を与えない場合には，コミットメントと財政状態や経営成績との間に直接的な関連性がないことが，つながりとして記述される。

　また，つながりのある情報を提供するためには，サステナビリティ関連財務開示を作成する際に使用したデータや前提条件は，可能な限り，関連する財務諸表を作成する際に利用したデータや前提条件と整合させなければならない。特に将来情報については，財務諸表の作成過程でも固定資産の減損，投資の評価，繰延税金資産の回収可能性などの多くの場面で使用されるが，その際に使用する将来キャッシュ・フローが，サステナビリティ関連財務開示を作成する際に使用する情報とまったく異なっていては，つながりのある情報は提供できない。もちろん会計基準には固有のルールがあり，例えばIFRS会計基準に基づく使用価値の算定における将来キャッシュ・フローに織り込むことができる年数や要素には一定の制約が設けられている。そうした部分以外は，同じ情報源からのデータを一貫して使用しなければならない。そのようにしてつながりのある情報が提供されることで，投資家等の意思決定にも有用な情報となる。

## （5）　コア・コンテンツ

　コア・コンテンツと称される開示事項は，TCFD提言の４つの柱を完全に取り込んだものとなっている。TCFD提言は気候に関する開示のフレームワークだが，IFRS S1号では，気候以外も含むすべてのサステナビリティ情報の開示において，TCFD提言の４つの柱である①ガバナンス，②戦略，③リスク管理，④指標および目標に基づく開示を求めている（25項）。

　IFRS S1号における４つの柱の開示項目は**図表２－２－７**のとおりである。

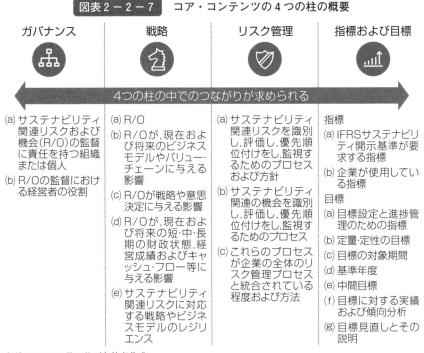

図表２－２－７　コア・コンテンツの４つの柱の概要

| ガバナンス | 戦略 | リスク管理 | 指標および目標 |
|---|---|---|---|
| ⓐサステナビリティ関連リスクおよび機会（R/O）の監督に責任を持つ組織または個人<br>ⓑR/Oの監督における経営者の役割 | ⓐR/O<br>ⓑR/Oが，現在および将来のビジネスモデルやバリュー・チェーンに与える影響<br>ⓒR/Oが戦略や意思決定に与える影響<br>ⓓR/Oが，現在および将来の短・中・長期の財政状態，経営成績およびキャッシュ・フロー等に与える影響<br>ⓔサステナビリティ関連リスクに対応する戦略やビジネスモデルのレジリエンス | ⓐサステナビリティ関連リスクを識別し，評価し，優先順位付けをし，監視するためのプロセスおよび方針<br>ⓑサステナビリティ関連の機会を識別し，評価し，優先順位付けをし，監視するためのプロセス<br>ⓒこれらのプロセスが企業の全体のリスク管理プロセスと統合されている程度および方法 | 指標<br>ⓐIFRSサステナビリティ開示基準が要求する指標<br>ⓑ企業が使用している指標<br>目標<br>ⓐ目標設定と進捗管理のための指標<br>ⓑ定量・定性の目標<br>ⓒ目標の対象期間<br>ⓓ基準年度<br>ⓔ中間目標<br>ⓕ目標に対する実績および傾向分析<br>ⓖ目標見直しとその説明 |

４つの柱の中でのつながりが求められる

出所：IFRS S1号に基づき筆者作成

## ①　ガバナンス

　ガバナンスの開示の目的は，サステナビリティ関連のリスクおよび機会を監

視し管理するために用いるガバナンスのプロセス，統制および手続を理解できるようにすることにある（26項）。開示内容の詳細は以下の**図表2－2－8**のとおりである（27項）。

**図表2－2－8** ガバナンスに関する開示要求事項

(a) サステナビリティ関連のリスクおよび機会（R/O：Risks and Opportunities）の監督に責任を負う統治機関（ガバナンスを担当する取締役会，委員会，または同等の機関を含めることができる）または個人。具体的には，企業は機関または個人を特定し，以下の情報を開示しなければならない。

 (i) R/Oに関する責任が，その機関または個人に適用される付託事項，義務および役割，その他の関連する方針にどのように反映されているか

 (ii) R/Oに対応するためにデザインされた戦略を監督するために，適切なスキルと能力が利用可能であるか，または開発されるかどうかを，機関または個人がどのように決定するか

 (iii) R/Oについて，機関または個人に対して，どのくらいの頻度で情報がもたらされているか

 (iv) 機関または個人が，企業の戦略，主要な取引に関する意思決定およびリスク管理の方針ならびに関連する方針を監督する際に，R/Oをどのように考慮するか（機関または個人が，それらのリスクおよび機会に関連するトレード・オフを考慮したかどうかを含む）

 (v) 機関または個人が，R/Oに関連する目標の設定をどのように監督し，関連する業績管理指標が報酬政策に含まれているかどうか，またはどのように含まれているかを含めて，目標に対する進捗を監視する方法

(b) R/Oを管理および監督するために利用される，ガバナンスのプロセス，コントロールおよび手続に関する経営者の役割。以下の情報を含む。

 (i) 経営者の役割が特定の経営層の役割や委員会に委譲されているかどうか，および当該役職または委員会に対する監督方法

 (ii) 経営者がR/Oの監視を支援するために内部統制や手続を利用しているかどうか，また，その場合には当該内部統制や手続が他の内部機能とどのように統合されているか

出所：IFRS S1号に基づき筆者作成

② 戦　略

戦略の開示の目的は，サステナビリティ関連のリスクおよび機会に対処する

企業の戦略を理解できるようにすることにある（S1号28項）。開示内容の詳細は以下の**図表2－2－9**のとおりである（S1号29～42項）。

**図表2－2－9** 戦略に関する開示要求事項

| |
|---|
| (a)　サステナビリティ関連のリスクおよび機会（R/O）<br>　(i)　個々のR/Oの内容，その発生時期の特定（短・中・長期の時間軸で）<br>　(ii)　短・中・長期の定義およびその定義が企業の戦略的意思決定の時間軸とどのように関連しているかの説明 |
| (b)　R/Oが，現在および将来のビジネスモデルやバリュー・チェーンに与える影響<br>　(i)　R/Oが企業のビジネスモデルやバリュー・チェーンに与える影響，および R/Oが集中している領域の記述（地域的な集中や資産種類への集中など） |
| (c)　R/Oが戦略や意思決定に与える影響<br>　(i)　R/Oが企業の戦略や意思決定に与える影響，および，これまでR/Oにどのように対応してきたか，また今後対応する計画か<br>　(ii)　過去に開示した計画に対する進捗（定量と定性の情報を含む）<br>　(iii)　R/O間のトレード・オフ（環境に対応するための営業拠点の決定が地域社会の雇用機会に悪影響を及ぼす等） |
| (d)　R/Oが，現在および将来の短・中・長期の財政状態，経営成績およびキャッシュ・フロー等に与える影響<br>　(i)　R/Oが当期の財政状態，経営成績およびキャッシュ・フローに与えた影響<br>　(ii)　上記R/Oのうち，翌期の資産・負債の簿価に重要な調整を生じさせる重大なリスクがあるもの<br>　(iii)　以下の状況を考慮し，R/Oを管理する戦略を所与とした場合に，将来の財政状態が短・中・長期でどのように変化することが期待されるか<br>　・契約上確定していないものを含めた，投資や資産除却の計画<br>　・戦略を実行するための資金調達計画<br>　(iv)　R/Oを管理する戦略を所与とした場合に，将来の経営成績およびキャッシュ・フローが短・中・長期でどのように変化することが期待されるか |
| (e)　R/Oに対応する戦略やビジネスモデルのレジリエンス<br>　(i)　サステナビリティ関連リスクから生じる不確実性に対する戦略やビジネスモデルのレジリエンスについて，定性的評価（該当する場合には定量評価も）<br>　(ii)　評価の実施方法や時間軸<br>　(iii)　定量情報を開示する場合は1つの値またはレンジで示す |

出所：IFRS S1号に基づき筆者作成

　図表2－2－9の(a)では，サステナビリティ関連のリスクおよび機会の説明が求められているが，この開示がサステナビリティ情報の開示の出発点となるため非常に重要である。ここでリスクおよび機会の識別に漏れや誤りがあると，その後の開示がすべて影響を受けることになってしまうからであり，また，関連するガバナンスやリスク管理の実効性にも疑問符がついてしまうからである。

　一方で，前述のとおり，サステナビリティの範囲は必ずしも明確ではなく，リスクおよび機会を漏れなく正確に識別することは実務上大きな課題となりうることから，基準上は，検討の道標および救済措置が用意されている。詳細については（6）に記述しているとおりであるが，ポイントとなるのはSASBスタンダードの利用であろう。企業はSASBスタンダードの77業種の開示トピックの中から，関連する産業の開示トピックを手元に置いて参照し，ツールキットのように利用することが求められている。ただしSASBスタンダードの開示トピックをそのまま企業のリスクおよび機会として識別することまでは要求されていない。こうした道標があることで，実務上の対応が困難と感じる企業にとっては大きな支援になると考えられるが，SASBスタンダードに慣れ，使いこなしていくことが必要である点にも同時に留意が必要であろう。また，救済措置は（4）①で説明したとおりであるが，サステナビリティ関連のリスクおよび機会の識別の際には，過大なコストまたは労力をかけずに入手できるすべての合理的かつ裏付け可能な情報を利用することになる。

　また，図表2－2－9の(d)の(i)〜(iv)については，原則として定量的な情報の開示が求められているものの，影響を独立して識別することができない場合や，測定の不確実性が高く，定量情報が有用でない場合については，定量情報の開示は不要となる。さらに，将来情報に関する(ii)〜(iv)については追加的な救済措置が設けられており，過大なコストまたは労力をかけずに入手できるすべての合理的かつ裏付け可能な情報を利用することに加えて，企業の入手可能なスキル，能力，リソースに応じた方法を採用することとされている。したがって，定量情報を開示するためのスキル，能力，リソースが入手可能でない場合は，定性情報のみの開示でも問題はない。ただし，定量情報を開示しない場合には，その理由，影響を与える財務諸表科目を含む定性情報を開示することが求められており，他のリスクおよび機会の影響を合算して定量情報を開示することが

可能であり，有用である場合には，当該定量情報の開示が求められる。

　さらに，図表2-2-9の(e)でレジリエンスについての開示も要求されているが，ここはIFRS S2号の気候レジリエンスのようなシナリオ分析を含む詳細な開示要求にはなっておらず，定性的な開示を中心とした全般的な要求となっている。

## ③　リスク管理

　リスク管理の開示の目的は，サステナビリティ関連のリスクおよび機会を識別，評価し，優先順位付けし，そして管理するプロセスを理解できるようにすること（これらのプロセスが企業全体のリスク管理プロセスとどの程度統合されているかを含む），そして，企業の総合的なリスク・プロファイルおよびリスク管理プロセスを評価できるようにすることである（43項）。開示内容の詳細は以下の**図表2-2-10**のとおりである（44項）。

### 図表2-2-10　リスク管理に関する開示要求事項

| |
| --- |
| (a)　サステナビリティ関連リスクを識別し，評価し，優先順位付けをし，監視するためのプロセスおよび方針<br>　(i)　インプットおよびパラメーター（データソースの情報やプロセスによってカバーされる営業の範囲等）<br>　(ii)　サステナビリティ関連リスクの識別にシナリオ分析を利用しているかどうか，またその方法<br>　(iii)　サステナビリティ関連リスクの性質，発生可能性，影響度の評価方法（定性的情報，定量的閾値または他の規準の考慮の有無等）<br>　(iv)　サステナビリティ関連リスクの優先順位付けを実施しているか，またその方法<br>　(v)　サステナビリティ関連リスクをどのように監視しているか<br>　(vi)　昨年度からプロセスの変更があったか，またどのように変更したか |
| (b)　サステナビリティ関連の機会を識別し，評価し，優先順位付けをし，監視するためのプロセス |
| (c)　これらのプロセスが企業の全体のリスク管理プロセスと統合されている程度および方法 |

出所：IFRS S1号に基づき筆者作成

## ④ 指標および目標

　指標および目標の開示の目的は，サステナビリティ関連のリスクおよび機会に関する企業の実績（目標に対する進捗を含む）を理解できるようにすることである（45項）。開示内容の詳細は以下の**図表2－2－11**および**図表2－2－12**のとおりである。

**図表2－2－11**　指標に関する開示要求事項

| (a)　IFRSサステナビリティ開示基準が要求する指標 |
| (b)　企業が使用している指標 |

出所：IFRS S1号に基づき筆者作成

**図表2－2－12**　目標に関する開示要求事項

| (a)　目標設定と進捗管理のために使用する指標 |
| (b)　定量・定性の目標 |
| (c)　目標の対象期間 |
| (d)　基準年度 |
| (e)　中間目標 |
| (f)　目標に対する実績および傾向分析 |
| (g)　目標見直しとその説明 |

出所：IFRS S1号に基づき筆者作成

　指標の開示に関して留意すべき事項としては，IFRSサステナビリティ開示基準が要求する指標は，企業が当該指標を使用しているかどうかにかかわらず開示が求められるという点である。また，指標の決定にあたっては，IFRS S2号のように別途テーマ別基準が定められている場合にはそちらに従うが，そうでない場合には，リスクおよび機会の識別の際と同様に，まずSASBスタンダードを参照し，その適用可能性を考慮することが求められる（shall）。SASBスタンダード以外の基準や同業他社等の開示を参照することも認められており（may），詳細は（6）①を参照いただきたい。ここでも，企業はSASB

スタンダードの77業種の指標の中から，関連する産業の指標を手元に置いて参照し，ツールキットのように利用することが求められている。ただし，SASBスタンダードの指標をそのまま開示すべき指標として採用することまでは要求されていない。なお，指標には産業共通のものだけでなく，産業固有のものも含めることが基準上要求されている点には留意が必要である。

　また，企業が独自に開発した指標を開示する場合には，指標の定義やタイプ（絶対的尺度，相対的尺度，定性的尺度等），第三者による検証の有無，計算方法およびインプットなどについての追加的な開示が要求される。

## （6）　全般的要求事項

　IFRS S1号では，これまでに見てきた内容に加え，IFRSサステナビリティ開示基準に従ってサステナビリティ関連財務情報を開示する際に準拠しなければならない全般的要求事項を以下のとおり規定している。

### ①　ガイダンスの情報源（Sources of guidance）

#### ・全　般

　企業がサステナビリティ関連のリスクおよび機会を識別し，関連する開示指標を特定する際には，（5）②および④に記載のとおり，外部の様々な情報源を参照することが想定されている。**図表2−2−13**は，IFRS S1号において，企業が参照およびその適用可能性を考慮しなければならない（または任意でこれらを行うことができる）基準等をまとめたものである。

　執筆時点において存在している個別のサステナビリティテーマに関する開示基準は気候関連のIFRS S2号のみであり，IFRS S2号にはSASBスタンダードを基礎とした産業別ガイダンスが別途用意されている。気候関連については，この産業別ガイダンスを参照してリスクおよび機会の識別や関連する開示指標の特定を行うことが求められているため，IFRS S1号に従って外部の情報源を参照することが要求される（または任意で参照できる）のは，気候関連以外のリスクおよび機会の識別や，それらに関連性のある開示指標の特定においてである。

| 他の基準等 | リスクおよび機会の識別 | リスクおよび機会に関する開示指標の特定 |
|---|---|---|
| SASBスタンダードの開示トピック | 必須 | ― |
| SASBスタンダードの関連する開示トピックの指標 | ― | 必須 |
| 水および生物多様性の開示に関するCDSBフレームワーク適用ガイダンス | 任意 | 任意 |
| 一般目的財務報告書の利用者の情報ニーズを満たすように設計されている他の基準設定主体による直近の公表基準 | 任意 | 任意 |
| 同じ産業または地域の企業によって識別されたサステナビリティ関連のリスクおよび機会 | 任意 | 任意 |
| GRIスタンダード | 不可 | 任意 |
| 欧州サステナビリティ報告基準 (ESRS) | 不可 | 任意 |

**図表2－2－13** 他の基準等への参照および適用可能性の考慮

出所：IFRS S1号55項，58項および付録Cをもとに筆者作成

　GRIスタンダードおよびESRSは，投資家以外のステークホルダーを考慮（ダブル・マテリアリティ）に入れた基準のため，サステナビリティ関連のリスクおよび機会の識別の際には参照はできないこととなっている。

　図表2－2－13の基準等を考慮し開示項目の特定をする際には，判断を用いて，一般目的財務報告書の利用者の意思決定に関連性があり，また，対象となるサステナビリティ関連リスクおよび機会を忠実に表現する情報を特定する必要がある（57項）。また，SASBスタンダード以外を参照する場合には，参照する基準等がIFRSサステナビリティ開示基準と矛盾してはならないことに留意する必要がある（58項(b)およびC2項）。

　図表2－2－13のとおり，SASBスタンダードの参照および適用可能性の考

慮は，リスクおよび機会の識別ならびにそれらに対する開示情報の特定におい
て必須となっている。しかしながら，SASBスタンダードの参照および適用可
能性の考慮は，企業に関連する産業のリスクおよび機会ならびにそれらに関す
る開示項目の特定につながることを必ずしも意味しない。55項(a)および58項
(a)では，企業の状況によってはSASBスタンダードの開示トピックおよび開
示トピックに関連する指標がその企業に適用にならないと結論付ける場合があ
るかもしれないとしているが，どのように企業がそのような結論に辿り着くか
についてはIFRS S1号には詳細な説明がない。IFRSサステナビリティ開示基準
をエンドースするプロセスの一環で行われたIOSCOによる技術的評価の報告
書においてもこの点は触れられており，さらなる設例の提供をISSBは考慮す
ることを望むかもしれないと記している。そのため，IFRS S1号の例示的ガイ
ダンスおよび設例にSASBスタンダードに関するものがすでに含まれてはいる
が，本観点の要求事項の一貫した適用を支援するためにさらなるガイドが今後
提供される可能性がある。

## ・SASBスタンダードの概要

　ここでは，SASBスタンダードについてもう少し詳しく取り上げてみたい。
　SASBスタンダードは，2011年に米国サンフランシスコを拠点に設立された
サステナビリティ会計基準審議会（SASB）が開発したサステナビリティ情報
の開示基準であり，2018年に，11セクター77業種について，業種ごとの重要な
サステナビリティ課題や開示指標を公表している。第１章で説明したとおり，
SASBは2021年６月にIIRCと統合してVRFという組織になり，さらに2022年８
月にはVRFがIFRS財団と統合した。こうした経緯を経て，2022年８月以降は，
ISSBがSASBスタンダードの維持や今後の開発を引き継ぐこととなり，今後は
ISSBのデュー・プロセスに従って基準の開発が行われることとなっている。
　SASBスタンダードは産業別にリスクや機会，関連する開示指標を詳細に定
めている点が大きな特徴であり，基準の構成は**図表２－２－14**のとおりである。

60

**図表2－2－14** SASBスタンダードの構成

| 項　目 | 内　容 |
|---|---|
| 産業に関する記述 | 企業が属する産業の識別を支援することを意図し，事業モデル，活動およびある産業の参加を特徴付ける共通の特徴を記述している。 |
| 開示トピック | 特定の産業に属する企業によって行われる活動に関連する特定のサステナビリティ関連リスクおよび機会を記述している。 |
| 指標 | 開示トピックに付随するものであり，個別またはセットの一部として特定の開示トピックに対する企業の業績に関する有用な情報を提供するよう設計されている。 |
| 技術的プロトコル | 関連する指標の定義，範囲，導入および表示に関するガイダンスを提供している。 |
| 活動指標 | データを標準化し比較できるようにするために，企業による特定の活動または事業の規模を定量化するもの。指標とあわせて使用することが意図されている。 |

出所：IFRS S1号IG12項をもとに筆者作成

　また，SASBスタンダードにおける11セクター，77業種は以下のとおりとなっている。

**図表2－2－15** SASB基準における11セクター，77業種

| セクター | 業　種 |
|---|---|
| 消費財 | ・アパレル，アクセサリーおよびフットウェア<br>・家電製品の製造<br>・建築・内装資材<br>・電子商取引<br>・家庭用品・パーソナルケア用品<br>・マルチラインおよび専門小売業者およびディストリビューター<br>・おもちゃ，スポーツ用品 |
| 採掘および鉱物加工 | ・石炭事業<br>・建設資材<br>・鉄鋼メーカー |

| | ・金属・鉱業 |
| | ・石油・ガス―探査と生産 |
| | ・石油・ガス―中流 |
| | ・石油・ガス―精製・販売 |
| | ・石油・ガス―サービス |
| 金融 | ・資産管理・保管業務 |
| | ・商業銀行 |
| | ・消費者金融 |
| | ・保険 |
| | ・投資銀行業務および仲介業務 |
| | ・住宅ローンファイナンス |
| | ・証券・商品取引所 |
| 食品および飲料 | ・農産物 |
| | ・アルコール飲料 |
| | ・食品小売・流通業者 |
| | ・食肉，鶏肉，乳製品 |
| | ・ノンアルコール飲料 |
| | ・加工食品 |
| | ・レストラン |
| | ・タバコ |
| 医療 | ・バイオテクノロジー・医薬品 |
| | ・医薬品小売業 |
| | ・医療提供 |
| | ・ヘルスケア流通業 |
| | ・マネジドケア |
| | ・医療機器・医療用品 |
| インフラ | ・電気事業・発電事業 |
| | ・エンジニアリング・建設サービス |
| | ・ガス供給事業・ガス小売事業 |
| | ・住宅建設業 |
| | ・不動産 |
| | ・不動産サービス |
| | ・廃棄物管理 |
| | ・水道事業・水道サービス事業 |
| 再生可能資源お よび代替エネル | ・バイオ燃料 |
| | ・林業経営 |

| ギー | ・燃料電池と産業用電池 |
| --- | --- |
| | ・パルプ・紙製品 |
| | ・太陽光技術とプロジェクト開発事業者 |
| | ・風力技術とプロジェクト開発者 |
| 資源加工 | ・航空宇宙・防衛 |
| | ・化学品 |
| | ・容器・包装 |
| | ・電気電子機器 |
| | ・産業機械・生産財 |
| サービス | ・広告・マーケティング |
| | ・カジノ・ゲーム |
| | ・教育 |
| | ・ホテル・宿泊施設 |
| | ・レジャー施設 |
| | ・メディア＆エンターテイメント |
| | ・プロフェッショナルサービスおよび商業サービス |
| 技術および通信 | ・電子機器受託製造サービス（EMS）および委託者ブランドによる製品設計・製造（ODM） |
| | ・ハードウェア |
| | ・インターネットメディアおよびサービス |
| | ・半導体 |
| | ・ソフトウェアおよびITサービス |
| | ・電気通信サービス |
| 輸送 | ・航空貨物・物流 |
| | ・エアライン |
| | ・自動車部品 |
| | ・自動車 |
| | ・レンタカー・カーリース |
| | ・クルーズライン |
| | ・海運 |
| | ・鉄道輸送 |
| | ・陸運 |

出所：SASB Standardsウェブサイト（日本語版）に基づき筆者作成

## ②　開示場所

　一般目的財務報告書の利用者に包括的でつながりのある情報を提供するため，IFRSサステナビリティ関連財務開示は一般目的財務報告書の一部として開示する必要がある（60項）。そのため，従来，サステナビリティ情報の開示を財務諸表の開示よりも後に行っていた企業は，情報収集や開示作成プロセスに関して調整が必要となる。報告のタイミングに関しては③を参照のこと。

　IFRS S1号では，開示場所を指定していないため，企業は，その企業に適用となる開示の規制に従い開示場所を決定することとなる。わが国においては，2023年3月期の有価証券報告書から【事業の状況】の中にサステナビリティ情報についての記載欄が新設されたが，将来的には当該箇所において日本版サステナビリティ開示基準に従った開示が要請される可能性がある。

　また，IFRS S1号は，IFRSサステナビリティ開示基準で要求される情報を，他の法規制で要求される情報と同じ場所で開示することも認めている。ただし，その場合には，企業はサステナビリティ関連財務開示を明確に識別可能にしなければならず，また，追加で提供する情報によりサステナビリティ関連財務開示が不明瞭にならないようにしなければならない（62項）。このような規定は，例えば，IFRSサステナビリティ開示基準よりも報告範囲が広いESRSによる報告およびIFRSサステナビリティ開示基準による報告がともに要求される企業にとっては有用なものとなるかもしれない。ただし，企業は，ESRSによる報告内でIFRSサステナビリティ開示基準による情報が明確に識別可能であるかどうかについては十分留意する必要がある。

　IFRS S1号ではさらに，IFRSサステナビリティ開示基準で要求される情報を他のレポートに相互参照することにより含めることも認めている。相互参照をする際の条件，要求事項および留意事項は**図表2－2－16**のとおりである。

64

**図表2－2－16** 相互参照する際の条件，要求事項および留意事項

| 条件 | 要求事項 | 留意事項 |
|---|---|---|
| 相互参照される情報はサステナビリティ関連財務開示と同条件かつ同時に利用可能である。 | 相互参照される情報が含まれる報告書を明確に識別し，当該報告書へのアクセス方法を説明する。 | 相互参照により含められる情報は，完全な一組のサステナビリティ関連財務開示の一部となるため，IFRSサステナビリティ開示基準の要求事項に準拠する必要がある（例えば，有用な情報の質的特性の充足）。 |
| 相互参照による情報を含めることにより，完全な一組のサステナビリティ関連財務開示が理解しにくくなってはならない。 | 相互参照は，当該場所の正確に特定された部分に対して行う。 | 一般目的財務報告書を承認する機関または個人は，相互参照により含められる情報について，直接含められる情報と同様の責任を負う。 |

出所：IFRS S1号B45項からB47項をもとに筆者作成

### ③ 報告のタイミング

　企業は，サステナビリティ関連財務開示を関連する財務諸表と同時に報告する必要があり，また，それぞれで同じ期間をカバーしなければならない（64項）。報告のタイミングに関する当該要求事項は，②で記載した開示場所に関する要求事項からも必然なものである。なお，適用初年度においては（8）②に記載のとおり，経過措置の適用によりこの限りではない。

　わが国を含め，現在の実務では，サステナビリティ情報の開示は財務諸表の開示よりも遅いタイミングになっているケースが多いと考えられる。IFRSサステナビリティ開示基準への準拠を主張するためには，そのような企業はサステナビリティ関連財務開示の報告のタイミングを財務諸表の報告タイミングに合わせるため開示の作成，報告の早期化が必要となる。本課題については第5章第1節（1）で詳述している。

　また，IFRS S1号ではIFRS会計基準と同様に，**図表2－2－17**の2種類の後発事象に関する規定がある。

図表2－2－17 **IFRS S1号における後発事象の取扱い**

| 種類 | 対象となる事象 | 求められる内容 |
|---|---|---|
| 開示の更新を要するもの | 報告期間の末日に存在していた状況について，報告期間の末日後サステナビリティ関連財務開示の発行承認日までの間に情報を入手した場合 | 新たな情報を考慮した上で，それらの状況が関連する開示を更新する（開示の更新）。 |
| 開示の更新を要さないもの | 報告期間の末日よりも後に発生した取引，その他の事象および状況について，報告期間の末日後サステナビリティ関連財務開示の発行承認日までの間に情報を入手した場合 | 開示しないことが一般目的財務報告書の主要な利用者の意思決定に影響を与えることが合理的に予想される場合には，それら事象を開示する（追加の開示）。 |

出所：IFRS S1号67項から68項をもとに筆者作成

　IFRS S1号は，年次のサステナビリティ関連財務開示の要求事項を規定するものであり，期中報告を強制していない。期中報告が要求されるかどうかは，企業が属する各法域の規制次第である。一方，IFRS S1号では，期中サステナビリティ関連財務開示は，直近の完全な一組の年次サステナビリティ関連財務情報の開示内容を更新しようとするものであり，新しい情報，事象および状況に焦点を当て，すでに報告した情報を反復することはしないとしている（B48項）。そのため，企業が法域の規制により期中報告が要求される場合または期中報告を選択する場合には，このような内容も考慮に入れ，年次で開示している情報と比べどのような情報を開示すべきか判断する必要がある。

④　比較情報

　IFRS S1号では，当年度に開示するすべての数値について対応する比較年度の数値の開示を求めている。この「数値」には，指標および目標に関するものに加え，サステナビリティ関連リスクおよび機会の当期ならびに予想される財務的影響も含まれる。また，当年度のサステナビリティ関連財務開示の理解に有用な場合には，定性的な情報についても比較年度の情報を開示する必要がある（70項および71項）。

66

　比較年度の情報を開示する際に，企業は以下の場合に比較年度の情報を更新，または，新たに提供する必要がある。

---

- ●過去の期間に開示した数値に関する新たな情報を識別し，その情報が当該期間に存在した状況についての証拠を提供する場合（パターン１）
- ●当年度において指標を再定義または置き換える場合（パターン２）
- ●当年度において新たな指標を開示する場合（パターン３）
- ●過去の期間に開示した情報に重要性がある誤謬があった場合（パターン４）

---

　それぞれのパターンにおける求められる開示内容は，**図表２－２－18**のとおりである。なお，パターン４については（７）③を参照のこと。

**図表２－２－18**　**比較年度の更新，新規提供が要求される場合の開示内容**

| パターン | 開示内容 |
|---|---|
| 1 | ・新たな情報を反映した改訂後の比較数値（実務上不可能な場合，または，指標が将来予測的な指標の場合を除く）<br>・過去の期間に開示した数値と改訂後の比較情報の差異<br>・比較数値を改訂した理由の説明 |
| 2 | ・改訂後の比較数値（実務上不可能な場合を除く）<br>・変更内容の説明<br>・それら変更理由の説明（再定義または置き換えた指標がより有用な情報を提供するという理由を含む） |
| 3 | ・当年度に新たに開示した指標の比較数値（実務上不可能な場合を除く） |

出所：IFRS S1号B50項〜B53項をもとに筆者作成

　いずれのパターンにおいても，改訂または新たな比較情報の提供が実務上不可能な場合は，それら情報を開示する必要はない。IFRS S1号B54項では，例えば，過去の期間に遡及して情報を改訂するための情報が入手不可能な場合などを，実務上不可能な場合としている。ただし，この「実務上不可能な場合」に該当するかどうかを判断する際には，以下に留意する必要がある。

> - 実務上不可能と判断し，本来求められる開示を省略した場合には，その旨を開示する必要がある（S1号B54項）。
> - 実務上不可能である状況とは，企業があらゆる合理的な努力を払った後にも，適用することができない場合を指しており，IFRS会計基準で用いられる意味合いと同じものを意味している。そのため，IFRS S1号では，ある要求事項を満たすことが実務上不可能であると判断することに対し高いハードルを設定していることに留意が必要である。

　なお，IFRSサステナビリティ開示基準の適用初年度では比較情報に関する経過措置が設けられており，同経過措置を適用することにより適用初年度の比較情報の開示を省略することができる。本経過措置の詳細については（8）②を参照のこと。

⑤　準拠表明

　企業がIFRSサステナビリティ開示基準に準拠していると主張するためには，IFRSサステナビリティ開示基準のすべての要求事項を満たす必要がある。そのため，気候関連以外のサステナビリティ関連のリスクおよび機会に重要性がある場合には，IFRS S2号で取り扱う気候関連に関する情報を提供するのみでは十分ではない点には留意が必要であろう。ただし，適用初年度においては報告の範囲に関する経過措置が設けられているため，同経過措置を適用することにより，気候関連の情報の開示のみでも基準への準拠の主張が可能となる（（8）②参照）。

　また，法規制により開示することが禁止されている情報および商業上の機密情報については，要件を満たした上で開示を省略（（4）②参照）したとしても準拠主張に影響を与えないため，たとえ本免除規定を適用しこれらの情報を除外したとしても，他の要件を満たしている限り，基準への準拠の主張が可能である（73項）。

　なお，IFRSサステナビリティ開示基準では，同基準への準拠の旨の条件付きの記述は禁止されている（BC156項）。

## （7） 判断，不確実性および誤謬

### ① 判　断

　サステナビリティ開示情報の作成は，財務情報の作成と同様に判断を伴う場合がある。企業が最終的に開示する情報に加え，企業が行使した判断を含め，どのようにその情報の開示に辿り着いたかの情報は，利用者の理解に寄与し，また，情報の網羅性の評価においても有用である。そのため，数値の見積りに関するものを除き，IFRS S1号では，サステナビリティ関連財務開示を作成する過程で下した判断のうち，最も重大な影響を与える判断の開示を要求している。

　以下は，後述する測定の不確実性に関する事項以外について，サステナビリティ関連財務開示の作成の過程において，企業のサステナビリティ関連財務開示で報告される情報に重大な影響を与えうる判断の例である（75項）。

---

- ●企業の見通しに影響を与えることが合理的に見込まれるサステナビリティ関連のリスクおよび機会の識別における判断
- ●適用するガイダンスの決定における判断
- ●サステナビリティ関連財務開示に含める重要性のある情報の識別における判断
- ●バリュー・チェーンを通じた影響を受けるすべてのサステナビリティ関連リスクおよび機会の範囲の見直しが要求される事象，または状況の変化の評価における判断

---

　なお，他のサステナビリティ開示基準において判断に関する開示要求がある場合には，企業はそのような情報を開示するとともに，IFRS S1号で要求される上記の開示を補完的な情報として開示することになる（76項）。

### ② 測定の不確実性

　サステナビリティ関連財務開示で報告される数値を直接測定することができ

ず，見積ることしかできない場合には，測定の不確実性が生じる。合理的な見
積りの使用は，サステナビリティ関連財務開示を作成する上で不可欠な一部で
あり，見積りが正確に記述，説明されていれば，情報の有用性が損なわれるこ
とはない。また，高いレベルの測定の不確実性は，必ずしもそのような見積り
が有用な情報を提供することを妨げるものではない（79項）。

　サステナビリティ関連財務開示は対象とする情報が中長期に及ぶため，開示
の作成においては多くの測定の不確実性を伴うことが考えられる。企業はその
ような不確実性を踏まえながらも見積りを実施し，サステナビリティ関連財務
開示を作成することになるが，不確実性に関する情報は開示される情報に対し
重要な補足情報を提供することとなる。そのため，IFRS S1号では，サステナ
ビリティ関連財務開示で報告される数値に影響を与える最も重大な不確実性に
ついて，一般目的財務報告書の利用者が理解できるように開示することを要求
している。具体的に企業は，以下を実施する必要がある（78項）。

---

- ●企業が開示した高いレベルの測定の不確実性の対象となる数値を特定し
- ●その特定された数値について以下の情報を開示する。
  - ➤ 測定の不確実性の源泉。これには，例えば，ある数値の将来の事象の結果，測定方法，または，バリュー・チェーンからの情報の入手可能性や情報の質への依存といったものがある。
  - ➤ 数値の測定において企業が使用した仮定，概算および判断

---

　企業が開示しなければならない情報の種類や程度は，サステナビリティ関連
財務開示で報告される数値の性質によるものであり，状況によっては，例えば
以下のようなものを開示しなければならない場合がある（81項）。

---

- ●仮定，または，測定の不確実性の他の源泉の性質
- ●算定の基礎となる算定方法，仮定および見積りに対する開示された数値の感応度（感応度の理由を含む）
- ●不確実性の見込まれる解消および開示された数値の合理的に可能性のある結果の範囲

> ● 不確実性が依然として未解消の場合，開示された数値に関する過去の仮定の
>   変更の説明

## ③ 誤　謬

　IFRS会計基準の取扱いと同様に，IFRSサステナビリティ開示基準において
も，重要性がある過去の期間の誤謬が発見された場合には，そうすることが実
務上不可能でない限り，企業は開示された過去の期間の比較対象の数値を修正
再表示することによって訂正する必要がある（83項）。訂正することが実務上
不可能である場合には，実務上可能な最も古い日付から誤謬を訂正して比較情
報を修正再表示しなければならない（B59項）。具体的には，過去の期間のサ
ステナビリティ関連財務開示に重要性がある誤謬が識別された場合，企業は以
下を開示する必要がある（B58項）。

> ● 過去の期間の誤謬の性質
> ● 表示されている過去の各期間の訂正（実務上可能な範囲で）
> ● 誤謬の訂正が実務上不可能な場合，その状態が存在するに至った状況，およ
>   び誤謬がどのように，また，どの時点から訂正されているかの説明

　ここでいう誤謬とは，過去の1期以上の期間に関するサステナビリティ関連
財務開示における脱漏または誤表示を指し，以下の条件を満たす信頼性の高い
情報の不使用または誤用から生じるとされている（84項）。

> ● 当該期間のサステナビリティ関連財務開示の公表が承認されたときに入手可
>   能であった情報，かつ
> ● 当該開示を作成する際に入手し考慮することが合理的に予想される情報

　また，このような誤謬の例には，計算上の誤り，指標または目標の定義の適
用の誤り，事実の見落し，事実の解釈の誤りならびに不正の影響が含まれる
（B56項）。

なお，見積りの変更は誤謬の訂正とは異なり，見積りは，追加的な情報が知られることに伴い改訂の必要の可能性がある概算である。見積りの変更の取扱いについては（6）④に記載している。

## （8）　発効日および経過措置

### ①　発効日

　IFRS S1号は2024年1月1日以後開始する事業年度より発効となる。また，IFRS S2号の同時の適用および早期適用している旨の開示を条件に，IFRS S1号の早期適用も認められている（E1項）。

　発効日については公開草案に対して多くのコメントが寄せられ，ほとんどがIFRS S1号公表後2年以上（すなわち2026年1月1日以後開始する事業年度以降）の期間を開けるべきであると提言したが，基準の発効日が即座に各法域による強制適用日を意味しないこと（以下参照），比較情報に関する経過措置（②参照）ならびに情報利用者によるサステナビリティ関連および気候関連情報に対する緊急の要請があることとの整合性を踏まえ，ISSBは発効日を2024年1月1日に決定した。

　IFRS S1号の発効日は上記のとおりであるが，このことは2024年度からIFRSサステナビリティ開示基準による開示が各法域において強制されることを必ずしも意味するものではない。IFRS会計基準と同様に，IFRS財団は各法域に対してIFRSサステナビリティ開示基準の使用を強制する権利は有しておらず，強制的な適用日は各法域で規制当局により別途定められることとなり，わが国も例外ではない。執筆時点においてわが国では，SSBJが国際的に整合性のある日本版のサステナビリティ開示基準を開発中であるが，同基準に基づく開示の開始は，例えば，有価証券報告書の作成義務がある企業に対しては，今後金融庁により決定されるものと考えられている。

### ②　経過措置

　ISSBは，サステナビリティ開示に関する企業のこれまでの取組状況の違いや，企業によるサステナビリティ開示に割けるリソースの違いに着目し，IFRS S1

72

号およびIFRS S2号の導入準備により多くの時間を提供するため，いくつかの経過措置を設けている。IFRS S1号では，サステナビリティ情報の報告のタイミング，開示情報の範囲および比較情報に関する経過措置を定めている（IFRS S2号に関する経過措置は第3節（9）を参照）。

　サステナビリティ情報の報告のタイミングは（6）③で記載したとおり，関連する財務諸表と同時に報告することが要求される。しかし，開示に必要な情報の入手可能性や作成者の準備状況を考慮し，ISSBは適用初年度においては経過措置として，企業の状況にあわせ**図表2－2－19**のタイミングでの開示を認めることとした。

**図表2－2－19**　報告のタイミングに関する経過措置

| 企業の種類 | 経過措置を適用した場合の報告のタイミング |
|---|---|
| 期中報告が要求される企業 | 翌年度の第2四半期または上半期の期中一般目的財務報告書と同時 |
| 期中報告を任意に行う企業 | 翌年度の第2四半期または上半期の期中一般目的財務報告書と同時。ただし，IFRS S1号を最初に適用する事業年度の期末日から9か月以内 |
| 期中報告を行わない企業（上記以外） | IFRS S1号を最初に適用する事業年度の期末日から9か月以内 |

出所：IFRS S1号E4項をもとに筆者作成

　当経過措置はIFRS S1号の適用初年度のみ利用可能であるため，適用2年目からは原則どおり，関連する財務諸表と同時に開示する必要がある。

　また，IFRS S1号は開示情報の範囲に関する経過措置も提供している。（2）で記載したとおり，IFRS S1号は，重要性のあるすべてのサステナビリティ関連のリスクおよび機会の開示を要求しているが，適用初年度においては，経過措置を適用している旨を開示することを条件に，IFRS S2号に従った気候関連情報のみの開示を認めている。たとえこの経過措置を適用した場合でも，企業は気候関連以外の情報を開示することは可能であるが，経過措置を適用している旨の開示および追加で提供している情報がIFRS S1号およびIFRS S2号で要

求される情報を不明瞭にしないことが求められる（BC177項）。そのため，適用初年度において，すべての重要性のあるサステナビリティ関連のリスクおよび機会の開示の準備ができていない企業であっても，気候関連情報に加え，開示準備が整っている一部のサステナビリティテーマのみを開示することが可能になっていると考えられる。

さらに，IFRS S1号では比較情報に関する経過措置もあり，同経過措置を適用することで適用初年度において比較情報の開示を省略することができる。この経過措置は，上述した他の経過措置と組み合わせて適用することができるため，例えば，適用初年度に気候関連のリスクおよび機会のみを開示し，2年目から他のサステナビリティテーマのリスクおよび機会を開示する場合には，それぞれについて最初に開示する際には比較情報の開示を省略することができることとなる。

なお，当経過措置および報告の範囲に関する経過措置はいずれも容認規定のため，適用初年度から本来の要求事項を適用することも可能である。

## （9）付　録

IFRS S1号では本文の要求事項に加え，5つの付録が設けられている。これら付録はいずれもIFRS S1号の不可欠な一部であり，すなわち，強制力を有するものである。それぞれの付録の内容は**図表2－2－20**のとおりである。

**図表2－2－20**　IFRS S1号の付録の内容

| 付録 | タイトル | 内　容 | 参照 |
|---|---|---|---|
| A | 用語の定義 | IFRS S1号で使用されている主要な用語を定義している。 | |
| B | 適用指針 | IFRS S1号本文中の要求事項に関する適用上の指針を示すものであり，以下の領域の指針が含まれる。 | |
| | | ・サステナビリティ関連リスクおよび機会 | （4）① |
| | | ・重要性 | （4）② |
| | | ・報告企業 | （4）③ |

74

| | | ・つながりのある情報 | （4）④ |
|---|---|---|---|
| | | ・相互参照により含める情報 | （6）② |
| | | ・期中報告 | （6）③ |
| | | ・比較情報 | （6）④ |
| C | ガイダンスの情報源 | ガイダンスの情報源に関する要求事項に関して，GRIスタンダードおよびESRSの取扱いを規定している。 | （6）① |
| D | 有用なサステナビリティ関連財務情報の質的特性 | 関連性（relevance）および忠実な表現を含めた，有用なサステナビリティ関連財務情報の質的特性を規定している。 | （4） |
| E | 発効日および経過措置 | IFRS S1号の発効日および経過措置を規定している。 | （8） |

出所：IFRS S1号付録Aから付録Eをもとに筆者作成

## （10）　例示的ガイダンスおよび設例

　IFRS S1号には，本文および付録に含まれる要求事項に加え，例示的ガイダンスおよび設例が付属されている。これらはIFRS S1号の諸側面を例示しているが，解釈上のガイダンスを提供することを意図したものではない。また，これらはIFRS S1号に付属しているが，その一部を構成するものではないため，これらに含まれる内容の適用は強制されない。これらを参考にすることでIFRS S1号の関連する要求事項の理解を深めることができるため，適用は強制されないながらも，IFRS S1号に従った開示を作成する際には参照することが望ましいとされている。

　図表2－2－21は，これら例示的ガイダンスおよび設例で提供されている内容の要約である。

| 項　目 | 内　　容 |
|---|---|
| 主要な利用者 | IFRSサステナビリティ開示基準に準拠した情報は主要な利用者に向けられたものである。<br>本例示的指針では，主要な利用者の情報ニーズの充足およびすでに利用可能な情報の使用に関する，IFRS S1号の関連する要求事項の適用上参考となる情報を提供している。 |
| ガイダンスの情報源の適用 | IFRS S1号では企業に対し特定のガイダンスを参照し，その適用可能性を考慮することを求めており，また，参照，その適用可能性を任意で考慮することができるガイダンスも提供している。<br>本例示的ガイダンスではそれらに関する要求事項を適用する可能性のある方法を提案しており，特に，SASBスタンダードおよびCDSBフレームワーク適用ガイダンスに焦点を当てたものとなっている。 |
| SASBスタンダード | 本設例はガイダンスの情報源に関する要求事項についてSASBスタンダードに焦点を当て，以下の企業がどのようにそれら要求事項を適用することができるかを示したものとなっている。<br>・単一の事業ラインを有する企業<br>・様々な活動を有する大規模コングロマリット |

図表２－２－21　IFRS S1号の例示的ガイダンスおよび設例の要約

出所：IFRS S1号付属の例示的ガイダンスおよび設例をもとに筆者作成

## (11)　救済措置

　IFRSサステナビリティ開示基準は，IFRS会計基準と異なり，中小企業向けの基準は現時点では存在しない。そのため，IFRSサステナビリティ開示基準の適用を要求される場合には，企業の成熟度や置かれている状況にかかわらず，同じ基準を適用することとなる。開示の対応に割くことのできるリソースの制約（例えば，開示の情報収集のための新たなシステムやプロセスの構築にかかるコスト），開示に必要なデータの入手可能性（ある市場，産業およびバリュー・チェーンの一部分における高品質な外部情報の入手可能性），また，専門家の利用可能性（企業やある市場におけるスキルまたは専門性の利用可能

性）の度合いは企業によって異なり，企業の成熟度が低いほどこれらの制約が増す可能性がある。ISSBはこのような企業の成熟度による困難（proportionality challenge）に対処するため，様々な救済措置をIFRS S1号に織り込んでいる。救済措置の内容については該当のセクションで記載のとおりだが，**図表2－2－22**はそれらを要約したものである。

**図表2－2－22** 企業の成熟度等に応じたIFRS S1号の適用を支援するための措置

| | 企業の成熟度等に応じた対応のメカニズム | | 経過的な救済措置 | 適用を促進するための明確化 | |
|---|---|---|---|---|---|
| | 過大なコストや労力をかけずに入手できる合理的かつ裏付け可能な情報を利用できる | 入手可能なスキル・能力・リソースに応じた方法を採用する | | 以下の場合に定量情報の開示を免除 (a)影響が独立して識別されない，または，(b)測定の不確実性が高く有用な情報が提供できない | 指針や教育文書の提供 |
| サステナビリティ関連リスクおよび機会の識別 | ○ | | | | ○ |
| サステナビリティ関連リスクおよび機会が及ぼす現在の財務的影響（（5）②参照） | | | | ○ | ○ |
| サステナビリティ関連リスクおよび機会が及ぼす将来の財務的影響（（5）②参照） | ○ | ○ | | ○ | ○ |
| バリュー・チェーンの範囲の決定（（4）①参照） | ○ | | | | ○ |

| | | | | | |
|---|---|---|---|---|---|
| その他の領域<br>・報告のタイミング<br>・適用初年度の比較情報<br>（（8）②参照） | | | ○ | | ○ |

出所：IFRS S1号BC 9項をもとに筆者作成

　これら救済措置に加え，（10）で記載のとおりIFRS S1号では例示的ガイダンスおよび設例も設けられており，企業によるIFRS S1号の適用を支援するための積極的な対応がISSBにより行われている。また，2024年1月1日の発効に向け，教育文書の提供を含め，ISSBでは，これらでカバーされていない領域に関するさらなる適用の支援に役立つ情報を提供していく予定である。

# 第3節　IFRS S2号「気候関連開示」の概要

## （1）　IFRS S2号の構成

　本節では，IFRS S2号の概要について解説する。IFRS S2号の基準の構成は**図表2−3−1**のようになっており，IFRS S1号と同様に，開示基準の目的と範囲を定め，TCFD提言と同様に，ガバナンス，戦略，リスク管理，指標および目標の4つのコア・コンテンツの枠組みに従って開示が要求される。また，付録として，用語の定義，適用指針，発効日および経過措置が設けられている。

　適用指針としては，IFRS S2号のうち，気候レジリエンス（シナリオ分析），温室効果ガス（スコープ1，2，3の測定とフレームワーク），産業共通の指標，気候関連目標について詳細なガイダンスが設けられている。また，当該基準の対象外ではあるが，付随するガイダンスとして，産業共通の指標に関する例示を定めた例示的ガイダンス，設例，IFRS S2号適用に関する産業別ガイダンスおよび結論の根拠が定められている。本節で示した項番はIFRS S2号の項番である。

図表２－３－１　IFRS S2号の構成

IFRS S2号　気候関連開示
目的
範囲
コア・コンテンツ
・ガバナンス
・戦略
・リスク管理
・指標および目標
付録
　　A　用語の定義
　　B　適用指針
　　C　発効日および経過措置

ISSBによる承認
例示的ガイダンス
設例
IFRS S2号適用に関する産業別ガイダンス
結論の根拠

出所：IFRS S2号に基づき筆者作成

## （2）　IFRS S2号の目的，範囲

　IFRS S2号の目的は，企業の見通しに合理的に影響を及ぼしうる気候関連リスクおよび機会に関する情報の開示を，企業に要求することにある（1項）。

　当該基準が対象範囲とする気候関連リスクは，気候関連の物理的リスクおよび気候関連の移行リスクであり，気候関連の機会については，企業が利用可能な気候関連の機会とされている。なお，企業の見通しに影響を与えることが合理的に期待されない気候関連リスクおよび機会は，本基準の対象外となっている。

## ①　気候関連リスク

　気候関連リスクは，気候関連の物理的リスクと移行リスクに区別できる。

　気候関連物理的リスクは，事象を契機とする気候変動に起因するリスク（急性物理的リスク），または気候パターンの長期的な変化に起因するリスク（慢性物理的リスク）である。急性の物理的リスクは，嵐，洪水，干ばつ，熱波などの突発的な気象関連事象から生じる。慢性的な物理的リスクは，海面上昇，利用可能な水の減少，生物多様性の損失，土壌生産性の変化につながる可能性のある降水量と気温の変化を含む気候パターンの長期的な変化から生じる。

　これらのリスクは，資産への直接的な損害から生じるコストやサプライチェーンの混乱による間接的な影響など，企業にとって財務的な影響をもたらす可能性がある。企業の経営成績は，水の利用可能性，調達および品質の変化，企業の施設，オペレーション，サプライチェーン，輸送ニーズ，従業員の健康と安全など，極端な気温変化によっても影響を受ける場合がある。

　気候関連移行リスクは，低炭素経済への移行への努力により生じるリスクである。移行リスクには，政策，法律，技術，市場および評判のリスクが含まれる。これらのリスクは，気候関連規制による運営コストの増加や資産の減損など，企業にとって財務的な影響を及ぼす可能性がある。また，消費者需要の変化，新技術の開発・展開によっても売上やコストに関して影響を受ける可能性がある。

## ②　気候関連機会

　気候関連の機会とは，企業の気候変動から生じる潜在的な正の影響を指す。気候変動を緩和し適応するための努力は，企業にとって気候関連の機会を生み出すことがある。

　なお，気候関連リスクと機会は相互排他的ではない。例えば，低炭素製品に対する消費者の嗜好の変化は，企業の製品に対する需要にリスクをもたらす可能性があり，同時に，企業が代替の低炭素製品のラインを開発したり，そのような製品ラインを持っている場合には，市場シェアを獲得する機会を提供する可能性がある。ISSBは，特に気候関連移行計画と気候レジリエンスの分野に

おけるリスク管理や戦略に関する要求事項など，IFRS S2号の要求事項を再検討する際に，気候関連リスクと機会の間の関係の重要性を強調している（BC23項）。

### ③　影響と依存関係

　気候関連リスクと機会は，天然資源や企業が維持している利害関係者，社会，経済，自然環境との関係性への「インパクト（影響）」と「依存関係」から生じる。「依存関係」と呼ばれることもある重要なインプットの利用可能性，品質，またはコスト安定性の変化は，気候関連リスクにつながる可能性がある。企業がさらされている気候関連の「依存関係」は，企業のビジネスモデルや活動によって大きく異なる。例えば，飲料メーカーは，地域の水資源の利用可能性と品質に依存している可能性があり，これは気候変動による干ばつの増加によって影響を受ける可能性がある。その結果，飲料メーカーのオペレーションと製品を生産する能力に影響を与える可能性がある（BC26〜29項）。

　企業の「インパクト（影響）」は，短期，中期または長期にわたってキャッシュ・フロー，資金調達へのアクセス，資本コストに影響を与えることがある。もしこれらの「インパクト（影響）」が企業の依存する資源や関係性に影響を与える場合，気候関連リスクや機会を生み出す。例えば，企業が事業を行う主要な管轄区域で炭素税が導入されることを予想している場合や，消費者の嗜好が低炭素の代替品に移行し，その製品の需要が減少することを予想している場合，企業のGHG排出量は気候関連リスクを引き起こす可能性がある。したがって，IFRS S2号は，その「インパクト（影響）」に関する情報に重要性がある場合には，その情報を開示することを企業に要求している。

　IFRS S2号における要求事項は，企業の特定の事実および状況に応じて，「インパクト（影響）」および「依存関係」の両方に関する情報が，企業がさらされているリスクおよび機会を理解し，企業への資源の提供に関する意思決定を行う上で，一般目的財務報告書の利用者にとって有用であり得るという考え方を反映している。

## （3）　コア・コンテンツの概要

　IFRS S2号でも，IFRS S1号と同様のコア・コンテンツとなっている。ガバナンスおよびリスク管理について，IFRS S1号で求められている他のサステナビリティのガバナンスおよびリスク管理に統合されている場合は，重複した記載は省略できることとなっている（7項，26項）。

　また，IFRS S2号は単独で適用されることを意図しておらず，IFRS S1号に定められている概念的な基礎，全般的要求事項および判断，不確実性および誤謬に関する要求事項に従ってIFRS S2号を適用することが求められる（BC6項）。

## （4）　ガバナンス

> 　ガバナンスに対する気候関連財務開示の目的は，一般目的財務報告書の利用者が，企業の気候関連リスクと機会を監視し，管理，監督するために用いるガバナンスプロセス，統制および手続を理解できるようにすることにある（5項）。

　IFRS S2号のガバナンスの開示要求事項は**図表2－3－2**のとおりであり，IFRS S1号と整合的な内容となっている。基本的には，TCFD提言の内容を織り込んだ形となっているが，一部開示要求の強化として，(a)(i)および(ii)のような項目が設けられている。(a)(ii)で取り上げられている適切なスキルや能力については，IFRS S1号の結論の根拠BC98項に考え方が述べられており，多くの統治機関において，必要とされる専門知識は，特定のサステナビリティ（ここでは気候）関連リスクや機会に焦点を当てる可能性が高いとしており，リスクと機会に関連する専門性について，どのように定義するかが重要と考えられる。

82

| 図表 2 - 3 - 2 | ガバナンスに関する開示要求事項 |

(a) 気候関連のリスクと機会の監督に責任を負う統治機関（ガバナンスを担当する取締役会，委員会，または同等の機関を含めることができる）または個人。具体的には，企業は機関または個人を特定し，以下の情報を開示しなければならない。
  (i) 気候関連リスクと機会に関する責任が，その機関または個人に適用される，付託事項，義務および，役割，およびその他の関連する方針にどのように反映されているか
  (ii) 気候関連のリスクと機会に対応するためにデザインされた戦略を監督するための，適切なスキルおよびコンピテンシーが利用可能であるか，または開発されるかどうかを，機関または個人がどのように決定するか
  (iii) 気候関連のリスクおよび機会について，機関または個人がどのように，どれくらいの頻度で情報がもたらされているか
  (iv) 機関または個人が，企業の戦略，主要な取引に関する意思決定およびリスク管理の方針ならびに関連する方針を監督する際に，気候関連リスクと機会をどのように考慮しているか（機関または個人が，それらのリスクおよび機会に関連するトレード・オフを考慮したかどうかを含む）
  (v) 機関または個人が，気候関連のリスクと機会に関連する目標（S2号33〜36項）の設定をどのように監督し，関連するパフォーマンス指標が報酬政策に含まれているかどうか，またはどのように含まれているかを含めて（S2号29項），目標に対する進捗を監視する方法

(b) 気候関連のリスクおよび機会を管理および監督するために利用される，ガバナンスのプロセス，統制および手続に関する経営者の役割。以下の情報を含む。
  (i) 経営者の役割が特定の経営層の役割や委員会に委譲されているかどうか，および当該役職または委員会に対する監督方法
  (ii) 経営者が気候関連のリスクと機会の監視を支援するために統制や手続を利用しているかどうか，また，その場合には当該統制や手続が他の内部機能とどのように統合されているか

出所：IFRS S2号をもとに筆者作成

# （5） 戦 略

　戦略に対する気候関連財務開示の目的は，一般目的財務報告書の利用者，気候関連リスクと機会を管理するための企業の戦略を理解できるようにすることにある（8項）。

　戦略に関するIFRS S2号の主な開示項目は**図表2－3－3**のとおりとなっている。

**図表2－3－3**　戦略に関する主な開示要求事項

| 項目 | 内容 |
|---|---|
| (a) 気候関連リスクと機会 | 企業の見通しに影響を与えることが合理的に予想される気候関連のリスクおよび機会 |
| (b) ビジネスモデルとバリュー・チェーン | 気候関連のリスクと機会が企業のビジネスモデルとバリュー・チェーンに及ぼす現在および予想される影響 |
| (c) 戦略と意思決定 | 気候関連のリスクおよび機会が企業の戦略と意思決定（気候関連移行計画に関する情報を含む）に与える影響 |
| (d) 財政状態，経営成績およびキャッシュ・フロー | 気候関連のリスクおよび機会が報告期間中の企業の財政状態，経営成績およびキャッシュ・フローに及ぼす影響（現在の財務的影響）<br>気候関連のリスクおよび機会が，企業の財務計画にどのように含まれているかを考慮した上で，気候関連のリスクおよび機会が企業の財政状態，経営成績およびキャッシュ・フローに及ぼす短期，中期および長期的に予想される影響（予想される財務的影響） |
| (e) 気候レジリエンス | 企業が特定した気候関連のリスクと機会を考慮して，気候関連の変動，進展および不確実性に対する企業の戦略とビジネスモデルの気候レジリエンス |

出所：IFRS S2号をもとに筆者作成

　なお，(b)～(e)の要求を満たす開示を準備する際に，企業は，産業共通の指標，産業別の指標（産業別ガイダンスに定義されている開示トピックス）を参照し，適用可能性について考慮しなければならない（23項）。

### ①　気候関連リスクと機会

　企業は，一般目的財務報告書の利用者が，企業の見通しに影響を及ぼすことが合理的に予想される気候関連のリスクおよび機会を理解することができるよ

84

うな情報を開示しなければならない。

> ⓐ　企業の見通しに影響を与えることが合理的に予想される気候関連のリスク
> 　　と機会を記述する。
> ⓑ　企業が識別した各気候関連リスクについて，そのリスクを気候関連の物理
> 　　的リスクと考えるか，移行リスクと考えるかを説明する。
> ⓒ　企業が識別した各気候関連リスクと機会について，短期，中期および長期
> 　　のいずれの期間において，気候関連のリスクと機会の影響が合理的に発生す
> 　　ると予想されるかを明示する。
> ⓓ　企業が，どのように短期，中期および長期を定義し，これらの定義が戦略
> 　　的意思決定のために企業が利用する計画ホライズン（時間軸）とどのように
> 　　リンクされているかを説明する。

　企業は，企業の見通しに影響を与えることが合理的に予想される気候関連の
リスクおよび機会を識別するにあたり，過去の事象，現在の状況および将来の
状況の予測に関する情報を含めて，報告日時点で企業が過大なコストや労力を
かけずに利用可能な，すべての合理的で裏付け可能な情報を利用しなければな
らない（11項）。
　また，企業は，企業の見通しに影響を与えることが合理的に予想される気候
関連のリスクおよび機会を特定するにあたり，産業別ガイダンスに掲載されて
いる産業別開示トピックを参照し，適用可能性を考慮しなければならない（12
項）。


・時間軸
　公開草案に対する少数の回答者が，適用可能な時間軸に関する追加的なガイ
ダンスや明確な定義を求めたが，ISSBは，時間軸が企業の状況によって異な
るため，IFRS S2号では時間軸を定義していないこととしている。代わりに，
企業が短期，中期および長期をどのように定義し，これらの定義が企業の戦略
計画にどのようにリンクされているかを開示することが求められている（BC41
項）。

## ②　ビジネスモデルとバリュー・チェーン

　企業は，一般目的財務報告書の利用者が，企業のビジネスモデルおよびバリュー・チェーンに対する気候関連リスクと機会の現在および予想される影響を理解することができるような情報を開示しなければならない。具体的には，以下を開示しなければならない。

---

　(a)　企業のビジネスモデルとバリュー・チェーンに対する気候関連リスクと機会の現在および予想される影響の説明
　(b)　企業のビジネスモデルとバリュー・チェーンのどこに気候関連リスクと機会が集中しているかの説明（例えば，地理的地域，施設および資産の種類など）

---

　ここで「バリュー・チェーン」とは，IFRS S1号の用語の定義では，「報告企業のビジネスモデル及び当該企業が事業を営む外部環境に関連する，相互作用，リソース及び関係の全範囲」としており，意図的に広い定義にしている。しかし，IFRS S2号が要求する企業のバリュー・チェーンに対する気候関連リスクと機会の影響に関する情報は重要性がある情報に限られる。例えば，企業は製品の製造に不可欠な資源の供給に影響を与える特定の地理的地域における物理的リスクの集中を識別することがある（BC42項）。また，幅広いバリュー・チェーンに関する情報を提供することの潜在的な課題をISSBは認識しており，当該課題に対処するために，バリュー・チェーンの範囲を決定する際に，企業は報告日時点で企業が過大なコストや労力をかけずに利用可能なすべての合理的で裏付け可能な情報を利用することが求められるとしている（BC43項）。

## ③　戦略と意思決定

　企業は，一般目的財務報告書の利用者が，気候関連リスクと機会が戦略および意思決定に与える影響を理解することができるような情報を開示しなければならない。具体的には，以下を開示しなければならない。

86

| (a) | 企業が戦略および意思決定において気候関連リスクと機会にどのように対応しているか，および対応を計画しているかに関する情報。これには，企業が設定した気候関連目標，法律または規制によって達成することが要求される目標の達成を，どのように計画しているかが含まれる。具体的には以下の情報を含めなければならない。<br>●気候関連リスクと機会に対処するための，資源配分を含む企業のビジネスモデルの現在および予想される変更<br>●現在および予想される直接的な緩和および適応の取組み（生産プロセスや設備の変更，設備の移転，労働力の調整，製品仕様の変更など）<br>●現在および予想される間接的な緩和および適応の取組み（顧客やサプライチェーンとの協働）<br>●気候関連の移行計画[8]（移行計画を策定する際に使用される主要な前提条件に関する情報や，企業の移行計画が依拠している依存関係を含む）<br>●GHG排出量の目標を含む，気候関連目標を達成するための計画（気候関連目標については，（7）③を参照） |
|---|---|
| (b) | 上記に従って開示された活動を，企業がどのように資源配分しており，どのように資源配分を計画しているか |
| (c) | 上記に従って過去の報告期間に開示された計画の進捗状況に関する定量的および定性的な情報（現在の報告期間の進捗状況に加え，累積進捗状況が含まれる可能性がある |

・気候関連の移行計画

　ISSBは，企業が低炭素経済への移行に対応するための特定の計画または一連の計画を持っている場合，その移行計画の開示は，一般目的財務報告書の利用者に有用であるとしている（BC46項）。

　一部の企業では，気候関連リスクと機会に対応するように企業のビジネスモデルを調整するため，気候関連の移行計画が全体的なビジネス戦略の一部を形成している場合がある。他方，気候関連の移行計画は，特定の製品ライン，ビジネス単位，または一連の活動等に限定的に適用され，企業の全体的なビジネ

---

8　公開草案への多くの回答者が，戦略と意思決定に関する提案は理解がしにくく，適用することが困難であると述べた。ISSBは，企業の全体的な戦略と意思決定に関する要求事項と，気候関連移行計画に関連する要求事項とを区別することによって要求事項を明確化した。また，気候関連目標に関する要求事項を指標および目標に移すことで明確化を図っている（BC45項）。

ス戦略に沿った場合もある。IFRS S2号の要求事項は，企業の気候関連の移行計画の開示に含まれる詳細が，関連する産業別の指標を含め，企業の個々の状況を明らかにすることを意図している（BC47項）。

　また，ISSBは，気候関連の移行計画に関する情報を開示する際に，IFRS S2号の他の要件に従って開示された情報を参照する可能性があることを認めている。例えば，企業は，GHG排出量の開示（29項(a)）とGHG排出量を削減するための目標（36項）との関連性を強調することができる。企業は，レジリエンス評価（22項）を移行計画等に関連する範囲で参照することもできる（BC49項）。

　移行計画の開示要求事項となっている，移行計画を策定する際に使用される主要な前提条件に関する情報や，企業の移行計画が依拠している依存関係に関して，公開草案段階では，気候関連の移行計画に関する企業の開示の比較可能性と一貫性を高めるために，さらなる要求事項の設定が必要であるとのコメントが出ていた。これらのコメントを受けてISSBは，気候関連の移行計画を策定する際の「仮定」と，計画達成が依存している「依存関係」を開示するように要求している。

　仮定とは，企業が発生すると予想し，気候関連移行計画に組み込まれるという予測，仮説または前提である。仮定の例としては，規制上の要求事項に対する予測や，企業がバリュー・チェーン内で計画された変更を実施する能力などがある。

　依存関係は，企業の移行計画を実現するために必要な，重要な要素と条件である。依存関係の例としては，企業がGHG排出目標を達成するために必要な排出除去技術や，企業が気候関連の移行計画を実施するために必要な最低限のリソースの利用可能性などがある。

　ISSBは，一般目的財務報告書の利用者は，計画の信頼性を評価し企業間の比較を可能にするために，企業の気候関連の移行計画を裏付ける仮定と依存関係を理解する必要があると考えている。

## ④　財政状態，経営成績およびキャッシュ・フロー

　企業は，一般目的財務報告書の利用者が次の事項を理解できるような情報を

開示しなければならない（15項）。

> ・気候関連のリスクおよび機会が報告期間中の企業の財政状態，経営成績および
>   キャッシュ・フローに与える影響（現在の財務的影響）
> ・気候関連のリスクおよび機会が，企業の財務計画にどのように含まれているか
>   を考慮した上で，気候関連のリスクおよび機会が企業の財政状態，経営成績お
>   よびキャッシュ・フローに与える短期，中期および長期的に予想される影響
>   （予想される財務的影響）

　具体的には，以下に関する定量的・定性的情報を開示しなければならない
（16項）。なお，定量的な情報を提供する際，企業は単一の数値またはレンジを
開示することができる（17項）。

| | |
|---|---|
| (a) | 気候関連のリスクと機会が，報告期間における財政状態，経営成績および キャッシュ・フローにどのように影響を与えたか |
| (b) | 上記で識別された気候関連のリスクおよび機会のうち，関連する財務諸表で報 告される資産および負債の帳簿価額に対して，次の年次報告期間中に重要性が ある修正が生じる重大なリスクがあるもの |
| (c) | 気候関連のリスクと機会を管理するための戦略を考慮した上で，企業の財政状 態が短期，中期および長期にわたってどのように変化すると見込んでいるか 次の事項を考慮する<br>（i） 契約上コミットしていない計画を含む，投資および処分計画（設備投資計 画，買収・売却計画，事業変革計画，イノベーション計画，新事業領域計 画，資産除去計画）<br>（ii） 戦略を実行するために計画された資金源 |
| (d) | 気候関連のリスクと機会を管理するための戦略（低炭素経済に沿った製品や サービスによる収入の増加，気候現象による物理的損害，気候適応，緩和に関 連する費用）を考慮した上で，企業の経営成績とキャッシュ・フローが短期， 中期および長期にわたってどのように変化すると見込んでいるか |

## ・定量情報の開示の必要性がない場合の取扱い

　企業は，以下を判断した場合には，気候関連のリスクまたは機会の現在また
は予想される財務的影響に関する定量的情報を提供する必要はない（19項）。

---

(a)　それらの影響が個別には特定できない。
(b)　これらの影響の見積りに関する測定の不確実性のレベルが非常に高く，結
　　果として得られる定量的な情報が有用でない。

---

　さらに，企業がその定量的な情報を提供するためのスキル，能力およびリ
ソースを有していない場合には，企業は気候関連のリスクまたは機会の予想さ
れる財務的影響に関する定量的な情報を提供する必要はない（20項）。これに
該当する場合は，次のことを行わなければならない。

---

・定量的な情報を提供していない理由を説明する。
・気候関連のリスクまたは機会によって影響を受ける可能性がある，または影響
　を受けたことのある関連財務諸表内の項目，合計および小計を特定する等，そ
　れらの財務的影響に関する定性的な情報を提供する。
・気候関連のリスクまたは機会と他の気候関連のリスクまたは機会およびその他
　の要因との複合的な財務的影響に関する定量的情報を提供する。ただし，当該
　複合的な財務的影響に関する定量的情報が有用でないと企業が判断した場合を
　除く。

---

## ⑤　気候レジリエンス[9]

　企業は，識別した気候関連のリスクと機会を考慮して，一般目的財務報告書
の利用者が，気候関連の変動，進展および不確実性に対する企業の戦略とビジ
ネスモデルのレジリエンス（回復力）を理解できるような情報を開示しなけれ
ばならない。企業は，気候関連のシナリオ分析を用いるにあたり，企業の状況
に見合ったアプローチを用いて気候レジリエンスを評価しなければならない
（22項）。

---

9　気候関連の変化，開発または不確実性に適応する企業の能力。気候レジリエンスには，気候関連の
　移行リスクおよび気候関連の物理的リスクに対応し適応する能力を含む，気候関連のリスクを管理
　し，気候関連の機会から利益を得る能力が含まれる。企業の気候レジリエンスには，気候関連の変
　化，開発，不確実性に対する戦略的レジリエンスと運用上のレジリエンスの両方が含まれる。

90

　定量的な情報の提供にあたっては，単一の数値またはレンジを開示することができ，以下を開示しなければならない。

---

(a)　報告時点での企業の気候レジリエンスの評価（以下を利用者は理解することができる）

　(i)　シナリオ分析で識別された影響に企業がどのように対応する必要があるかを含む，企業戦略とビジネスモデルに対する評価の影響

　(ii)　企業の気候レジリエンスの評価において考慮される重大な不確実性の領域

　(iii)　短期，中期および長期的な気候変動に対する企業戦略およびビジネスモデルを修正，対応させる能力

　　・気候関連リスクに対処し，気候関連の機会を利用することを含む，気候関連シナリオ分析で識別された影響に対応するための，企業の既存の資金の利用可能性と柔軟性

　　・既存資産の再配置，再利用，性能向上（アップグレード）または廃棄する能力

　　・気候レジリエンスのための気候関連の緩和，適応，または機会に対する企業の現在および計画されている投資の効果

(b)　以下を含む気候関連シナリオ分析がいつ，どのように実施されたか

　(i)　企業が利用したインプットおよびパラメーター

　　・企業が分析に使用した気候関連シナリオとそれらのシナリオの情報源

　　・当該分析に気候関連の様々なシナリオが含まれているかどうか（複数シナリオか）

　　・分析に使用された気候関連シナリオが，気候関連の移行リスクまたは気候関連の物理的リスクのいずれに関連しているか

　　・企業は，そのシナリオの中で，気候変動に関する最新の国際協定に沿った気候関連のシナリオを使用したかどうか

　　・企業が選択した気候関連シナリオが，気候関連の変動，進展，不確実性に対するレジリエンスの評価に関連すると判断した理由

　　・分析で使用される企業の時間軸

　　・分析で企業が対象としたオペレーションの範囲（例えば分析に使用した営業拠点，事業単位）

　(ii)　分析において企業が行った主要な仮定

　　　・事業を行う地域における気候関連政策

　　　・マクロ経済動向

　　　・国または地域レベルの変数（地域の気象パターン，人口統計，土地利用，
　　　　インフラ，天然資源の利用可能性）

　　　・エネルギー使用量と組み合わせ

　　　・技術の発展

　(iii)　気候関連シナリオ分析が実施された報告期間

※各報告日に気候レジリエンスに関する情報を開示することを企業に要求しているが，企業
　は複数年の戦略計画サイクル（例えば3～5年ごと）を含む戦略計画サイクルに沿って，
　気候関連シナリオ分析を実施することができる。したがって，一部の報告期間において企
　業が毎年シナリオ分析を実施しない場合，(b)に関連する企業の開示は前の報告期間から変
　更されない可能性がある。しかし，気候の不確実性が企業のビジネスモデルや戦略に及ぼ
　す影響について最新の洞察を反映させるために，企業は，戦略計画サイクルに沿って，気
　候関連シナリオ分析を少なくとも毎年更新し，企業のレジリエンスの評価を毎年実施する
　必要がある。そのため，(a)に関連する企業の開示は，報告期間ごとに更新されなければな
　らない。

## ・シナリオ分析

　気候レジリエンスの評価にあたっては，状況に見合ったアプローチを用いて
シナリオ分析を使用する必要がある。ISSBは，気候レジリエンスを評価する
ために，シナリオ分析をどのように使用するかについての追加的なガイドライ
ンを適用指針として定めている。ここでは，「状況に見合ったアプローチ」と
して適用指針に定めている**図表2－3－4**のステップについて説明する。

**図表2－3－4**　シナリオ分析に用いる「状況に見合ったアプローチ」

| Step1 | 状況の評価 | ・気候関連リスクと機会のエクスポージャーの検討<br>・シナリオ分析のために利用可能なスキル，能力，リソースの検討 |
|---|---|---|
| Step2 | 適切なアプローチの決定 | ・シナリオ分析のインプットの選択<br>・シナリオ分析の実施方法について分析的な選択の決定 |
| Step3 | その他の考慮事項 | |

出所：IFRS S2号をもとに筆者作成

## Step 1 ：状況の評価（B 2 項）

　企業は，気候関連シナリオ分析の実施にあたって，状況に見合ったアプローチを選択する上で，その状況を評価するために，以下を考慮しなければならない。

> ・気候関連リスクと機会のエクスポージャーの検討
> ・シナリオ分析のために利用可能なスキル，能力，リソースの検討

### 〈気候関連リスクと機会のエクスポージャーの検討（B4～ B5項)〉

　例えば，企業の気候関連リスクや機会の程度が大きい場合，より定量的または技術的に洗練されたアプローチは，一般目的財務報告書の利用者と作成者にとっては大きな利益となる。また，気候関連リスクや機会の程度が小さい場合，定量的または技術的に洗練されたシナリオ分析の恩恵を受ける可能性は低くなる。

### 〈シナリオ分析のために利用可能なスキル，能力，リソースの検討（B6～ B7項)〉

　シナリオ分析に用いる適切なアプローチを決定する際に，利用可能なスキル，能力およびリソースを考慮しなければならない。これらには，内部および外部の両方のスキル，能力，リソースが含まれる場合がある。企業の利用可能なスキル，能力およびリソースは，シナリオ分析に対する特定のアプローチによって必要とされる潜在的なコストや努力のレベルについての検討を把握するために必要である。

## Step 2 ：適切なアプローチの決定（B8項）

　企業は，報告日において企業が過大なコストや労力をかけずに利用可能なすべての合理的で裏付け可能な情報を利用して，気候関連シナリオ分析へのアプローチを決定しなければならない。アプローチの決定にあたり，次の事項の検討が含まれる。

---

・シナリオ分析のインプットの選択
・シナリオ分析の実施方法についての分析的な選択

---

### 〈シナリオ分析のインプットの選択（B11〜B13項）〉

気候関連シナリオ分析に使用するインプットを選択する際に，報告日において企業が過大なコストや労力をかけずに利用可能なすべての合理的で裏付け可能な情報（シナリオ，変数およびその他のインプット）を，考慮しなければならない。シナリオ分析で使用するインプットには，定性的または定量的な情報が含まれる場合があり，またそれらは外部情報から取得されるか，内部で開発されるかである。例えば，公に利用可能な気候関連シナリオは，過大なコストや労力を伴わずに利用可能であると考えられる。

また，気候関連シナリオ分析で使用するインプットを選択する場合，入手可能な1つ以上の気候関連シナリオ（国際的，地域的なシナリオを含む）を使用することができる。例えば，排出量が規制されている法域に業務が集中している企業は，低炭素経済への公正な移行や最新の国際協定に対する法域のコミットメントと整合したシナリオを用いて分析を行うことが適切であると判断する可能性がある。また，気候関連物理的リスクへのエクスポージャーが高い企業は，現在の政策を考慮した局地的な気候関連シナリオを使用して分析を実施することが適切であると判断する可能性がある。

なお，選択されたインプットが合理的かつ裏付け可能であるか否かを検討するにあたっては，気候レジリエンスの評価の目的を考慮しなければならない。これは，気候関連シナリオ分析のインプットは，企業が実施する特定の活動やそれらの活動の地理的位置など，企業の状況に関連するものでなければならないことを意味する。

### 〈シナリオ分析の実施方法についての分析的な選択（B14〜B15項）〉

気候レジリエンスの評価は，気候関連シナリオ分析への個々のインプットだけでなく，分析の実施に対するインプットの組み合わせによっても入手される。また，企業は，報告日において企業が過大なコストや労力をかけずに利用可能

94

なすべての合理的かつ裏付け可能な情報を利用して分析上の選択（例えば，定性的分析と定量的分析のどちらを利用するか）に優先順位を付けなければならない。例えば，企業が過大なコストや労力をかけずに複数の炭素価格経路を組み込むことができる場合，企業のレジリエンス評価は強固になる可能性がある。また，定量情報は多くの場合，気候レジリエンスについてより強固な評価を行うことを可能にする。しかし，定性的な情報のみ，定量的な情報と定性的な情報の組み合わせによっても，合理的かつ裏付け可能であることを基礎とした情報を提供することができる。

### Step 3：その他の考慮事項（B16〜B18項）

　気候関連のシナリオ分析は，発展途上であり，企業が使用するアプローチは時間の経過とともに変化する可能性が高い。したがって，気候関連シナリオ分析に対する企業のアプローチは，ある報告期間または戦略計画サイクルから次の報告期間まで同じである必要はない。

　また，状況に見合ったアプローチを採用した結果，企業は定性分析等のより単純化したアプローチを使用することがある。例えば，現在，定量的なシナリオ分析を実施するためのスキル，能力やリソースを持たないが，高い気候関連リスクのエクスポージャーを有している場合，企業はより単純化したアプローチを内部で使用するかもしれないが，経験を通じてその能力が向上することによって，より高度な定量的なアプローチを適用することもある。高い気候関連リスクと機会にさらされ，必要なスキル，能力または資源にアクセスできる企業は，気候関連シナリオ分析に対してより高度な定量的アプローチを適用する必要がある。

## （6）　リスク管理

　リスク管理に関する気候関連財務開示の目的は，一般目的財務報告書の利用者が，気候関連リスクと機会が識別，評価，優先順位付けおよび監視される企業のプロセスを理解できるようにすることである。これには，それらのプロセスが企業の全体的なリスク管理プロセスに統合されているかどうか，またどの

ように統合されているかを含む（24項）。

　IFRS S2号のリスク管理の開示要求事項は，**図表2－3－5**のとおりとなっており，IFRS S1号と整合的な内容となっている。TCFD提言では，リスク管理に関連するプロセスに焦点を当てているのに対して，IFRS S1号およびIFRS S2号においては，機会を含むように開示を拡張している。また，気候関連のシナリオ分析が，気候関連リスクおよび機会の特定と評価に有用なインプットを提供できるものとして，(a)(ii)および(b)に気候関連のリスクや機会を特定するために，気候関連シナリオ分析を使用するかどうかの開示項目を追加している（BC72項）。

### 図表2－3－5　リスク管理に関する開示要求事項

(a)　以下に関する情報を含む，企業が気候関連リスクを識別，評価，優先順位付け，監視するために使用するプロセスと関連ポリシー
　(i)　企業が使用するインプットとパラメーター
　(ii)　企業が気候関連リスクを識別するために気候関連シナリオ分析を使用するかどうか，またどのように使用するか
　(iii)　これらのリスクの影響の性質，発生可能性および規模（マグニチュード）を企業がどのように評価するか
　(iv)　企業が他のタイプのリスクと比較して，気候関連リスクを優先するかどうか，またはどのように優先するか
　(v)　企業が，気候関連リスクをどのように監視するか
　(vi)　前の報告期間と比較して，企業が使用するプロセスを変更したかどうか，およびその方法

(b)　企業が気候関連の機会を識別するために，気候関連のシナリオ分析を使用するか，またどのように使用するかに関する情報を含む，企業が気候関連の機会を識別，評価，優先順位付け，監視するために使用するプロセス

(c)　気候関連のリスクと機会を識別，評価，優先順位付けし，監視するためのプロセスが，企業全体のリスク管理プロセスにどの程度，どのように統合され報告されるか

出所：IFRS S2号をもとに筆者作成

## （7） 指標および目標

　指標と目標に対する気候関連財務開示の目的は，一般目的財務報告書の利用者が，企業が設定した気候関連の目標や，法律や規制によって達成が求められている目標に対する進捗状況を含め，企業の気候関連のリスクや機会に関連するパフォーマンスを理解できるようにすることである（27項）。

　この目的を達成するために，企業は以下について開示しなければならない（28項）。

---

① 産業共通の指標に関する情報
② 特定のビジネスモデル，活動，またはその他の共通の特徴に関連する産業別の指標
③ 気候関連リスクを緩和または適応するために，気候関連の機会を利用するために，企業が設定した目標，および法律または規制によって達成することが要求されるすべての目標。なお，これらの目標に対する進捗を測定するためにガバナンス組織または経営者によって利用される指標を含む。

---

### ① 産業共通の指標

　産業共通の指標として，IFRS S2号では**図表2－3－6**の情報を開示することと要求している（29項）。一般目的財務報告書の利用者が，気候関連のリスクと機会に関連する企業のパフォーマンスを他の企業と比較することができるように，すべての企業がTCFDの「指標，目標および移行計画に関するガイダンス」による産業共通の指標に沿った情報を開示することを，IFRS S2号は要求している（BC75項）。

**図表2－3－6**　産業共通の指標

|  | 指標 | 内　　容 |
|---|---|---|
| (a) | GHG(スコープ 1, 2および3) | ※詳細は，（8）参照 |

| (b) | 気候関連移行リスク | 気候関連の移行リスクの影響を受けやすい資産または事業活動の金額とパーセンテージ |
|---|---|---|
| (c) | 気候関連物理的リスク | 気候関連の物理的リスクの影響を受けやすい資産または事業活動の金額とパーセンテージ |
| (d) | 気候関連機会 | 気候関連の機会と整合的な資産または事業活動の金額とパーセンテージ |
| (e) | 資本投下 | 気候関連リスクと機会に使用された資本的支出，ファイナンスまたは投資の金額 |
| (f) | インターナルカーボンプライス（内部炭素価格）※ | 企業が意思決定にカーボンプライスを適用しているかどうか，どのように適用しているか（例えば，投資意思決定，移転価格，シナリオ分析）<br>GHG排出量のコストを評価するために企業が使用する，GHG排出量のt-CO$_2$e当たりの価格 |
| (g) | 報酬 | 気候関連の考慮が役員報酬に織り込まれているかどうか，またどのように織り込まれているかについての説明<br>気候関連の考慮に関連する当期に認識された経営者報酬の割合 |

※インターナルカーボンプライス（内部炭素価格）：投資，生産および消費パターンの変化，および潜在的な技術進歩と将来の排出削減コストの財務的影響を評価するために企業が使用する価格である。企業は，様々なビジネスアプリケーションに対してインターナルカーボンプライスを使用できる。企業が一般的に使用するインターナルカーボンプライスには，次の2種類がある。
　・シャドウプライス：企業が請求しない理論上の費用または想定上の金額であるが，リスク影響，新規投資，プロジェクトの正味現在価値，および様々なイニシアティブの費用と便益などに対する経済的影響またはトレード・オフを理解するために使用できる。
　・インターナルフィー（内部振替価格）：企業活動，製品ライン，または他の事業単位に課される温室効果ガス排出量に基づく炭素価格である内部税または手数料。
出所：IFRS S2号をもとに筆者作成

　(b)〜(d)を満たすために開示を準備する際，報告日において企業が過大なコストや労力をかけずに利用可能なすべての合理的かつ裏付け可能な情報を使用しなければならず，以下を参照しなければならないとしている（30〜31項）。

98

| | 要求項目 | 関連する条文 |
|---|---|---|
| 1 | IFRS S2号10項の気候関連のリスクと機会の影響が発生することが合理的に予想される時間軸を検討する。 | IFRS S2号10項（戦略 - 気候関連リスクおよび機会） |
| 2 | 企業のビジネスモデルとバリュー・チェーンのどこに気候関連のリスクと機会が集中しているかを考慮する（例えば，地理的な地域，施設，資産の種類など）。 | IFRS S2号13項（戦略 - ビジネスモデルおよびバリュー・チェーンへの影響） |
| 3 | 報告期間中の企業の財政状態，経営成績およびキャッシュ・フローに対する気候関連のリスクおよび機会の影響に関して，開示されている以下の情報を考慮すること。<br>・気候関連のリスクと機会が，報告期間中の財政状態，経営成績およびキャッシュ・フローにどのように影響したか<br>・特定された気候関連のリスクおよび機会で，関連財務諸表に報告される資産および負債の帳簿価額に対して，次の年次報告期間内に重要な調整が行われるおそれがあるもの | IFRS S2号16項（戦略 - 財政状態，経営成績およびキャッシュ・フロー） |
| 4 | 適用されるIFRSサステナビリティ開示基準で定義されているものやIFRS S1号の要求事項を満たすものを含む，IFRS S2号の適用に関する産業別ガイダンスが，全体または一部の要求事項を満たすために使用できるかどうかを検討する。 | IFRS S2号32項（指標） |
| 5 | (b)から(g)までの要求事項を満たすために開示された情報と，関連財務諸表において開示された情報との関連性を検討する。これらの関連性には，使用されるデータと仮定の（可能な範囲での）一貫性，およびIFRS S2号29項(b)から(g)に従って開示される金額と財務諸表において認識され開示される金額との関連性が含まれる。例えば，企業は，使用された資産の帳簿価額が財務諸表に含まれる金額と一致しているかどうかを検討し，これらの開示の情報と財務諸表の金額との関連性を説明する。 | IFRS S1号21項（つながりのある情報） |

**図表2-3-7** 産業共通の指標と他の開示の関連

出所：IFRS S2号をもとに筆者作成

・例示的ガイダンス

これらの指標について，どのようなデータを集計するかについて，例示的ガイダンスに**図表 2 - 3 - 8** のような例示が示されている。これらは例示であることから，各企業において識別された気候関連の移行リスク，物理的リスクおよび機会と整合したデータを収集する必要がある。複数ビジネスを営んでいる企業においては，事業によって識別されるリスクや機会は様々であることが考えられるが，開示すべき気候関連リスクと機会を整理した上で，どのような事業活動や資産が当該リスクや機会と整合的かを検討し，データ収集方針を定義した上でデータを収集する必要があると考えられる。

**図表 2 - 3 - 8**　例示的ガイダンス

| 項目 | 測定の単位 | 例示 |
|---|---|---|
| 気候関連の移行リスクの影響を受けやすい資産または事業活動の金額とパーセンテージ | 金額，% | ・移行リスクの高い不動産担保の数量<br>・炭素関連資産への信用エクスポージャーの集中度<br>・石炭鉱業収益の割合<br>・CORSIA[10]でカバーされないRPK（旅客キロ収入）の割合 |
| 気候関連の物理的リスクの影響を受けやすい資産または事業活動の金額とパーセンテージ | 金額，% | ・洪水，熱ストレスまたは水ストレスの影響を受ける地域における不動産，インフラまたは他の代替資産ポートフォリオの割合<br>・気候関連のリスクの影響を受けやすい実物資産の割合<br>・100-year flood地帯[11]における住宅ローンの件数と金額<br>・100-year flood地帯における排水処理能力<br>・水ストレスが高い，または非常に高い地域で取水および消費される水に関連する収益 |

---

10　Carbon Offsetting and Reduction Scheme for International Aviation：2016年に，国際民間航空機関（ICAO）により創設された国際民間航空のためのカーボンオフセットおよび削減スキーム。
11　ある年に平均して 1 ％以上の確率で洪水が発生する地帯。

| 気候関連の機会と整合的な資産または事業活動の金額とパーセンテージ | 金額，％ | ・低炭素経済への移行を支援する製品やサービスからの収益<br>・エネルギー効率と低炭素技術に関連する正味保険料<br>・ゼロエミッション車，ハイブリッド車，プラグインハイブリッド車の販売台数<br>・第三者機関のグリーン建築基準に適用していると認定された住宅の供給割合 |
| 気候関連リスクと機会に使用された資本的支出，ファイナンスまたは投資の金額 | ％ | ・低炭素製品またはサービスの研究開発投資の割合<br>・気候適応に関する投資の割合 |

出所：IFRS S2号の例示的ガイダンスをもとに筆者作成

## ② 産業別の指標

　産業別の指標については，IFRS S2号においては詳細な定めはないものの，開示する産業別の指標を決定する際に，IFRS S2号の適用に関する産業別ガイダンスの開示トピックスを参照し，適用可能性を考慮しなければならないとされている。なお，IFRS S2号の産業別ガイダンスは網羅的ではなく，企業は産業別ガイダンスに含まれていない追加トピックや関連する指標に関連する情報を提供する必要がある場合があるとされている（IB7項）。

　IFRS S2号の適用に関する産業別ガイダンスの構成要素，取り扱っている業種はSASBスタンダードに概ね基づいており，**図表2－3－9**のとおりとなっている。

**図表2－3－9**　**IFRS S2号の産業別ガイダンスが取り扱っている業種**

| セクター | 業　種 |
| --- | --- |
| 消費財 | ・衣服，装飾品および履物<br>・家電製造<br>・建築用製品および家具<br>・電子商取引<br>・家庭用および個人用製品 |

| | ・複合型および専門型小売および流通 |
|---|---|
| 採掘および鉱物加工 | ・石炭事業<br>・工事用資材<br>・鉄鋼製造業者<br>・金属および鉱業<br>・石油およびガス － 探査および生産 －<br>・石油およびガス － 中流 －<br>・石油およびガス － 精製およびマーケティング －<br>・石油およびガス － サービス － |
| 金融 | ・資産運用および管理業務<br>・商業銀行<br>・保険<br>・投資銀行および仲介<br>・不動産金融 |
| 食品および飲料 | ・農産物<br>・酒類<br>・食品小売および流通<br>・食肉，家禽および乳製品<br>・清涼飲料<br>・加工食品<br>・飲食店 |
| 医療 | ・医薬品小売<br>・医療提供<br>・医療品流通<br>・管理型医療<br>・医療機器および消耗品 |
| インフラ | ・電力事業者および発電事業者<br>・エンジニアリングおよび工事サービス<br>・ガス事業者および流通業者<br>・住宅建築業<br>・不動産<br>・不動産サービス<br>・廃棄物処理<br>・水道事業およびサービス |
| 再生可能資源および<br>代替エネルギー | ・バイオ燃料<br>・森林管理 |

| | ・燃料電池および産業用電池<br>・パルプおよび紙製品<br>・太陽光技術およびプロジェクト開発業者<br>・風力技術およびプロジェクト開発業者 |
|---|---|
| 資源加工 | ・航空宇宙および防衛<br>・化学製品<br>・容器および包装<br>・電気および電子機器<br>・工業用機械および製品 |
| サービス | ・カジノおよびゲーム<br>・ホテルおよび宿泊施設<br>・レジャー施設 |
| 技術および通信 | ・EMSおよびODM<br>・ハードウェア<br>・インターネットメディアおよびサービス<br>・半導体<br>・ソフトウェアおよびITサービス<br>・通信サービス |
| 輸送 | ・航空貨物およびロジスティクス<br>・航空会社<br>・自動車部品<br>・自動車<br>・レンタカーおよびカーリース<br>・クルーズ会社<br>・海上輸送<br>・鉄道輸送<br>・道路輸送 |

出所：IFRS S2号の適用に関する産業別ガイダンスIB16項をもとに筆者作成

## ③ 気候関連目標

　企業は，戦略目標の達成に向けた進捗状況を監視するために設定した定量的および定性的な気候関連の目標，およびGHG排出量の目標を含む，法令によって達成することが要求される目標を開示しなければならない。各目標について，企業は以下を開示しなければならない（33項）。

---

(a) 目標を設定するために使用される指標

(b) 目標の目的（例えば，緩和，適応，またはScience-based Initiativesとの適合か）

(c) 目標が適用される企業の範囲（例えば，企業全体，特定の事業単位，特定の地理的地域など）

(d) 目標が適用される期間

(e) 進捗を測定する基準期間

(f) マイルストーン，中間目標

(g) 目標が定量的な場合，それが絶対値の目標か，原単位目標なのか

(h) 気候変動に関する最新の国際合意が目標にどのように情報を提供したか

---

　なお，企業が気候関連目標を設定し，進捗を測定するために使用する指標を特定し，開示する際は，産業共通の指標と産業別の指標を考慮しなければならない（B67項）。

　また，企業は，各目標を設定し，レビューするためのアプローチと，各目標に対する進捗状況を監視する方法に関する情報を開示しなければならない（34項）。

---

・目標および目標設定方法が第三者によって検証されているか否か[12]

・目標をレビューするための企業のプロセス

・目標達成に向けた進捗状況を監視するために使用される指標

・目標の修正とその修正に対する説明

---

　さらに，企業は，各気候関連目標に対するパフォーマンス，企業のパフォーマンスの傾向や変化に関する分析に関する情報を開示しなければならない（35項）。

---

12　ISSBは，IFRS S2号での「検証」という用語の使用は，最新の気候科学に関連して，気候関連の目標が第三者によってテストされ，確認されたかどうか，およびどのように確認されたかについてのみ言及されていることを確認した。なお，IFRS S2号は，企業が気候関連目標について第三者による検証を受けることを要求しておらず，第三者によって検証されたかどうかを開示することを求めている（BC149項）。

## ・気候変動に関する最新の国際合意

気候変動に関する最新の国際合意とは，国連気候変動枠組条約（UNFCCC）加盟国間の最新の協定と定義されており，IFRS S2号発行時における最新の協定はパリ協定である。締約国は，世界の平均気温の上昇を産業革命前に比べて2℃を十分下回ることに制限し，産業革命前と比べて1.5℃の上昇を抑える努力を追求することに合意している（BC145項）。

企業が最新の国際協定によって気候関連目標にどのように情報を提供したかを開示する場合，その説明には，その協定から生じる適用可能な法域のコミットメントの考慮を含める必要があることをISSBは確認した。例えば，NDC（Nationally Determined Contribution）が該当する（BC146項）。また，当該開示については，GHG排出量の目標だけでなく，関連するすべての気候関連目標に適用される。パリ協定は，GHGの排出削減に焦点を当てているが，GHG排出削減目標を支える気候変動に関する他の目標も含まれている。例えば，気候変動の悪影響への適応に関連する目標や，GHG排出量の削減に向けたロードマップと整合的な資金フローを増加させる目標が含まれている（BC148項）。

## ・GHG排出目標

IFRS S2号33項〜35項に従って開示されたGHG排出量の目標ごとに，企業は以下の事項を開示しなければならない（36項）。

| (a) | どの温室効果ガスが目標でカバーされているか |
|---|---|
| (b) | スコープ１，スコープ２およびスコープ３のいずれのGHG排出量が目標の対象となるか |
| (c) | 目標がGHG総排出量目標か，GHG純排出量目標か。GHG純排出目標を開示する場合は，企業は総排出量の目標も別途開示する必要がある |
| (d) | 目標がセクター別脱炭素アプローチ[13]を用いて導き出されたかどうか |
| (e) | GHG純排出量の目標を達成するために，排出量を相殺すべく企業が計画するカーボン・クレジット[14]の使用。企業はカーボン・クレジットの計画的な利用を説明するにあたり，以下を含む情報を開示しなければならない[15]。<br>（i）GHG純排出量の目標達成が，どの程度，どのように炭素クレジットの利用に依存しているか |

> (ii)　どの第三者機関がカーボン・クレジットを検証または認証するか
> (iii)　基礎となるオフセットが自然ベースなのか，技術的な炭素除去に基づくのか，基礎となるオフセットが炭素の削減または除去によって達成されるのかを含む，カーボン・クレジットの種類
> (iv)　一般目的財務報告書の利用者が，企業が使用を予定しているカーボン・クレジット（例えば，カーボンオフセットの永続性に関する仮定）の信頼性および完全性を理解するために必要なその他の要素

## （8）　GHG

### ①　GHGに関する開示事項

GHGは，（7）で述べたとおり，産業共通の指標としてすべての企業が開示を要求される。開示の要求事項としては以下のとおりとなっている。

また，ISSBはGHGの算定に関して適用指針を作成し，GHG排出量の算定にあたってのガイドラインを設けている。

> 企業は，報告期間中のGHGの総排出量の絶対値を**図表2－3－10**の区分に従い，$CO_2$換算トン（t-$CO_2$e）で開示しなければならない（29項(a)(i)）。なお，総排出量とは，カーボンクレジットの利用を含む除去の取組みを考慮する前のGHG排出量である（BC81項）。

---

13　気候関連の目標がセクター別脱炭素化アプローチ（以下「SDA」という）を用いて導出されたかどうかを開示することを企業に要求している。SBTiのようなイニシアティブによって使用されるSDAは，異なるセクターの主体が低炭素経済への移行に関連する特定の課題を有することを認識している。したがって，GHG排出目標を設定するためのSDAは，国際レベル（例えば，気候変動に関する最新の国際協定によって確立された）で作成されたGHG排出目標をセクター別ベンチマークに変換し，個々の企業のパフォーマンスを比較するセクター別アプローチをとっている。

14　カーボン・クレジット・プログラムによって発行され，温室効果ガスの排出削減または除去を表す排出単位。カーボン・クレジットは，電子登録によって独自にシリアル化，発行，追跡，無効化が行われる。

15　企業がGHG純排出量の目標を開示する場合，関連するGHG総排出量の目標を別途開示することをISSBは要求している。特に，企業がGHG純排出量目標を設定する場合，企業は，GHGの純排出量目標を達成するために，カーボン・クレジットがどの程度，どのように使用されているかを明確に説明しなければならない（BC141項）。

**図表2－3－10** GHG排出量の開示

| 区分 | 定義 |
|---|---|
| スコープ1 | 企業が所有または管理している発生源から生じる直接的なGHG排出量 |
| スコープ2 | 企業によって消費された購入・取得した電気，蒸気，暖房または冷房の発電から発生する間接的なGHG排出量 |
| スコープ3 | 上流と下流の両方を含む企業のバリュー・チェーンにおいて発生する間接的なGHG排出量（スコープ2のGHGの排出は含まない） |

出所：IFRS S2号付録Aをもとに筆者作成

　また，GHG排出量の測定にあたっては，GHGプロトコル（「Greenhouse Gas Protocol: A Corporate Accounting and Reporting Standard（2004）」）に従う必要がある。ただし，GHG排出量を測定するために別の方法を使用するように法域や取引所によって要求されている場合は，当該方法を使用することが認められる（29項（a）（ii））。GHG排出量の測定フレームワークについては，第3章第3節（2）を参照していただきたい。

　なお，企業のGHG排出量の計算に用いた仮定等を理解するために，以下の情報開示が求められている。

・GHG排出量を測定するために使用しているアプローチ（29項(a)(iii)，B26項，B27項，B28項）

| 1 | GHG排出量を測定するために企業が利用している，測定アプローチ，インプットや仮定<br>なお，この要件の一部として，以下に関する情報を含めなければならない（B26項）。<br>(a) Greenhouse Gas Protocol: A Corporate Accounting and Reporting Standard（2004）に従って企業が使用する測定方法<br>　・GHGプロトコルにおける出資比率アプローチか支配力アプローチか<br>(b) Greenhouse Gas Protocol: A Corporate Accounting and Reporting Standard（2004）を使用していない場合に適用される方法および企業が使用する測定方法<br>(c) 企業が使用する排出係数 |

| 2 | GHG排出量を測定するために使用する測定アプローチ，インプットや仮定を選んだ理由 |
|---|---|
| 3 | 報告期間中に企業が行った測定方法，インプットおよび仮定の変更，ならびに変更の理由 |

## ②　スコープ1およびスコープ2

　スコープ1とスコープ2の排出量については，以下を分解して開示しなければならない（29項(a)(iv)）。

| 1 | 連結グループ（例えば，IFRS会計基準を適用している企業にとっては，親会社とその連結子会社） |
|---|---|
| 2 | 1を除く，他の投資先（関連会社，共同支配企業，非連結子会社） |

　なお，スコープ1とスコープ2の計算にあたり，適用指針において以下の定めがあるため留意が必要である。

### ・企業の報告期間と異なる報告期間の情報の使用

　自社の報告期間と異なる報告期間のバリュー・チェーン内の企業から情報を取得した場合には，以下の3つの条件を満たすことを条件として，自社の報告期間と異なる期間の情報を用いてGHG排出量を測定することが認められる。ISSBは，当該救済措置をスコープ3のGHG排出量の測定に利用することについて合意したが，最終的にこの救済措置は，スコープ1とスコープ2のGHG排出量の測定にも利用できると決定した（BC115項）。

> ・企業は，GHG排出量を測定して開示するために，過大なコストや労力をかけずに利用可能なすべての合理的で裏付け可能な最新データをバリュー・チェーンで利用すること
> ・報告期間の長さは同じであること
> ・企業は，バリュー・チェーン内の企業の報告日から企業の一般目的財務報告書日までの間に発生したGHG排出量に関連する重大な事象および状況の変化の

> 影響を開示すること

## ・地球温暖化係数を用いた$CO_2$換算

GHGとは，IFRS S2号の用語の定義において，京都議定書に一覧化された7つの温室効果ガスである，$CO_2$（二酸化炭素），$CH_4$（メタン），$N_2O$（一酸化二窒素），HFCs（ハイドロフルオロカーボン類），$NF_3$（三フッ化窒素），PFCs（パーフルオロカーボン類），$SF_6$（六フッ化硫黄）とされている。これらを$CO_2$換算して集約するために，排出係数を用いて計算する必要がある（B20項）。

企業がGHG排出量の測定に直接測定を用いる場合，企業は，報告日に入手可能な最新の気候変動に関する政府間パネル（以下「IPCC」という）の評価から，100年の時間軸に基づく地球温暖化係数（100-year Global Warming Potential：GWP100）を用いて，7項目のGHGを$CO_2$換算値に計算することが求められる（B21項）。

企業がGHG排出量を算定するために排出係数を使用する場合，企業は，GHG排出量を測定するための基礎として，企業の活動を最もよく表す排出係数を使用しなければならない（B29項）。これらの排出係数がすでに$CO_2$換算値に換算されている場合，企業は，報告日に入手可能な最新のIPCC評価のGWP100を使用して排出係数を再計算する必要はない。ただし，$CO_2$換算値に換算されない排出係数を使用する場合は，報告日に入手可能な最新のIPCCの評価からGWP100を使用しなければならない（B22項）。

## ・スコープ2の算定

スコープ2のGHG排出量については，ロケーション基準に基づく排出量を開示し，スコープ2の排出量に関して開示利用者の理解を補うために，契約文書に関する情報を提供するものとする（S2号29項(a)(v)）。

スコープ2のGHG排出量の測定方法として，ロケーション基準とマーケット基準がある（**図表2−3−11**参照）。ISSBは，企業の契約文書に関するより詳細な情報は，一般目的財務報告書の利用者が，スコープ2のGHG排出量を削減するための企業の取組みをよりよく理解するのに役立つ可能性があると指

**図表2－3－11**　スコープ2のGHG排出量の測定方法

| 名称 | 概　要 |
|---|---|
| ロケーション基準 | 地域，地方，または国の境界を含む定義されたロケーションの平均エネルギー生成排出係数に基づいて，スコープ2のGHG排出量を定量化する方法 |
| マーケット基準 | 報告者が電力を購入している（バンドルされた文書またはバンドルされていない文書と付随した）発電者によって排出されるGHG排出量に基づいて，スコープ2のGHG排出量を定量化する方法 |

出所：Greenhouse Gas Protocol「GHG Protocol Scope2 Guidance」をもとに筆者作成

摘した。しかし，ISSBは，企業が使用できるメカニズムには大きなばらつきがあり，企業が事業を行い，所在する市場の成熟度に依存することから，スコープ2のGHG排出量を測定するためにマーケット基準のアプローチを要求しないことを決定した。マーケット基準のアプローチに関連する課題を反映するために，ISSBは，企業がエネルギー売買のために締結した契約文書を利用者が理解するのに役立つ情報を開示することを求めると決定した。この要求事項を満たすために，ISSBは，企業のマーケット基準のスコープ2のGHG排出量に関する情報が，この開示の一部として含まれる可能性があることに留意した（BC109項）。

### ・排出原単位（BC81〜BC84項）

　公開草案では，スコープ1，スコープ2，スコープ3に分けて排出原単位を開示することを求めるように提案していた。排出原単位は，$CO_2$換算排出量を物理または経済的生産量等で除すことで算定される。

　排出原単位は総排出量と合わせて開示することで，企業のGHG排出量削減に向けた努力を提供することに役立つものとされている。例えば，企業が事業を拡大すれば，企業のGHG排出量は増加する可能性があるが，同時に企業の効率性が向上している場合，排出原単位は低下する可能性がある。企業のGHG総排出量の絶対値の開示だけでは，企業が事業活動で達成したGHG排出量の削減量を伝達できない可能性がある。

　ISSBでは，排出原単位の指標は有用であるものの，排出原単位の測定に使用される分母の値は企業の産業やビジネスモデル等に依存することから，原単位を計算するために単一の標準化されたアプローチを規定することは適切ではなく，排出原単位の開示を明示的に要求すべきではないと判断した。

　ただし，IFRS S1号15項（適正な表示）に従い，排出原単位の指標が一般目的財務報告書の利用者にとって有用であると判断される場合には，排出原単位の開示が要求されることをISSBは確認している。また，気候関連目標において，企業は目標に向けた進捗を測定するために，ガバナンス組織または経営陣によって使用される指標を開示することが求められており，経営者が企業の気候関連リスクおよび機会を管理するために排出原単位を使用する場合においては，排出原単位を開示する必要がある。

③　スコープ3

　スコープ3の開示にあたっては，次の項目を開示しなければならない（29項(a)(vi)）。

| 1 | Greenhouse Gas Protocol Corporate Value Chain (Scope 3) Accounting and Reporting Standard (2011) に記載された，スコープ3カテゴリー[16]に従って，スコープ3のGHG排出量を開示する。<br>・スコープ3の測定にあたり，スコープ3の15カテゴリーをすべて考慮しなければならない（B32項）。<br>・スコープ3カテゴリーのうち，どれがGHG排出量の測定に含まれるかを開示しなければならない（B32項）。<br>・バリュー・チェーンの範囲を決定するために，企業は報告日において企業が過大なコストや労力をかけずに利用可能なすべての合理的かつ裏付け可能な情報を使用しなければならない（B36項）。 |
|---|---|
| 2 | 企業の活動に資産運用，商業銀行または保険が含まれる場合，当該活動のカテゴリー15のGHG排出量またはFinanced Emissions[17]についての追加情報を |

16　第5章のGHGプロトコルを参照。
17　投資先または取引先のGHG総排出量のうち，企業が投資先または取引先に対して行った融資および投資に起因する部分。これらの排出量は，Greenhouse Gas Protocol Corporate Value Chain (Scope 3) Accounting and Reporting Standard (2011) のスコープ3のカテゴリー15（投資）の一部である。

開示する。
- 資産運用に関するスコープ 3 のカテゴリー15（B61項）
  - (a)　スコープ 1 , 2 , 3 ごとに区分されたFinanced Emissionsの絶対値
  - (b)　スコープ 1 , 2 , 3 の項目ごとに，企業の財務諸表の表示通貨で表された
Financed Emissionsに含められているAUM（資産運用会社が管理している資産の金額）
  - (c)　Financed Emissionsの計算に含められている企業のAUM総額に対する(b)の割合
    - ・100%未満の場合には，資産の種類や関連するAUMの金額を含め，控除を説明する情報を開示する。
  - (d)　Financed Emissionsを計算するために利用された方法論
- 商業銀行に関するスコープ 3 のカテゴリー15（B62項）
  - (a)　スコープ 1 , 2 , 3 ごとに区分されたFinanced Emissionsの絶対値を産業別（GICSの 6 桁コード），資産種類別（融資，プロジェクトファイナンス，債券，株式投資，未使用ローンコミットメント等）に開示
  - (b)　企業の財務諸表の表示通貨で表された産業ごと，資産種類別のエクスポージャー総額
    - ・提供された資金の簿価（貸倒引当金等控除前）
    - ・未使用ローンコミットメントの残高
  - (c)　Financed Emissionsの計算に含められている企業の総エクスポージャーに対する(b)の割合
    - ・100%未満の場合は，除外する資産の種類を含め，除外を説明する情報を開示する。
    - ・提供された資金について，リスク軽減策の影響を総エクスポージャーから控除する。
    - ・未使用ローンコミットメントの割合は，区別して開示する。
  - (d)　Financed Emissionsを計算するために利用された方法論
- 保険に関するスコープ 3 のカテゴリー15（B63項）
  - (a)　スコープ 1 , 2 , 3 ごとに区分されたFinanced Emissionsの絶対値を産業別（GICSの 6 桁コード），資産種類別（融資，債券，株式投資，未使用ローンコミットメント等）に開示
  - (b)　企業の財務諸表の表示通貨で表された産業ごと，資産種類別のエクスポージャー総額
    - ・提供された資金の簿価（貸倒引当金等控除前）
    - ・未使用ローンコミットメントの残高
  - (c)　Financed Emissionsの計算に含められている企業の総エクスポージャーに対する(b)の割合

> ・100%未満の場合は，除外する資産の種類を含め，除外を説明する情報を開示する。
> ・未使用ローンコミットメントの割合は，区別して開示する。
> (d) Financed Emissionsを計算するために利用された方法論

なお，重大な事業または状況の重大な変化が発生した場合には，企業はそのバリュー・チェーン全体を通じて影響を受けるすべての気候関連リスクおよび機会の範囲を再評価しなければならず，バリュー・チェーン全体を通じてどのスコープ３のカテゴリーおよび企業を測定に含めるかの再評価も含まれている。

重大な変化とは，以下のようなものがある（B34項）。

> ・企業のバリュー・チェーンの重大な変化（例えば，サプライヤーがGHG排出量を大幅に変化させる変更があった場合）
> ・企業のビジネスモデルの重要な変化（例えば，合併，取得による企業のバリュー・チェーンの変化）
> ・気候関連リスクや機会の企業のエクスポージャーの重大な変化（例えば，サプライヤーが予期していなかった排出規制の導入によって影響を受ける）

## ・スコープ３の測定フレームワーク

スコープ３のGHG排出量の測定は，直接測定のみではなく，見積りの使用が含まれる可能性がある。企業は，スコープ３のGHG排出量を測定するにあたり，この測定を忠実に表現する結果となる測定アプローチ，入力および仮定を使用しなければならない（B38項）。企業は，スコープ３のGHG排出量の測定に使用する測定アプローチ，インプットおよび仮定を選択する際に，報告日に企業が過大なコストや労力をかけずに利用可能なすべての合理的で裏付け可能な情報を使用することが求められる（BC39項）。

IFRS S2号においては，スコープ３のGHG排出量を測定するにあたり，測定するために使用する必要のあるインプットを規定していないが，**図表２－３－12**のように識別している特性（順不同）を用いてインプットと仮定に優先順位を付けることを企業に要求している（BC40項）[18][19]。

### 図表2-3-12 スコープ3の測定フレームワーク

| | 特性 | 取扱い |
|---|---|---|
| a | 直接測定に基づくデータ（B43～B45項） | スコープ3の定量化には，直接測定と見積りの2つの方法が用いられるが，直接測定を優先するものとする。<br>・直接測定：GHG排出量の直接的な監視<br>・見積り：仮定と適切なインプットに基づくデータの概算計算が含まれる。活動データと活動データをGHG排出量に変換する排出係数の2種類のインプットを使用する可能性がある |
| b | 企業のバリュー・チェーン内の特定の活動からのデータ（B47～B49項） | 企業はスコープ3の排出量を算定するにあたり，一次データと二次データに基づいて行う。この場合は，企業は一次データの使用を優先しなければならない。<br>・一次データ：企業のバリュー・チェーン内の特定の活動から直接得られたデータ（例えば，メーターの読取値，公共料金等）<br>・二次データ：企業のバリュー・チェーン内の活動から直接得られなかったデータ（多くの場合，第三者のデータプロバイダーから提供され，業界平均データ（公開されているデータベース，政府統計，文献研究，業界団体）が含まれている） |
| c | バリュー・チェーン活動およびそのGHG排出量の法域およびそのために使用される技術を忠実に | 企業が二次的なデータを使用する場合，バリュー・チェーン活動で使用されている技術，活動がある法域の状況等を忠実に表現するタイムリーなデータを優先する。 |

---

18 企業は，管轄当局または取引所から，GHG排出量を測定するためにGHGプロトコル以外の方法を使用することを要求された場合，または移行救済措置を使用しているかどうかにかかわらず，スコープ3測定フレームワークを適用してインプットと仮定に優先順位を付けることが求められる。

19 企業が測定アプローチ，インプットおよび仮定に優先順位を付け，関連するトレード・オフを考慮するには，経営者の判断を要する必要がある。例えば，企業は，タイムリーなデータと，バリュー・チェーン活動とその排出量に使用される管轄当局や技術をより代表するデータとの間のトレード・オフを考慮する必要があるかもしれない（B42項）。例えば，2023年までの年度のGHG排出量を推定している企業は，タイムリーではない排出係数を使用する可能性がある。ただし，この排出係数は報告日時点で企業のバリュー・チェーンで使用されている技術に関連するGHG排出量を最もよく表している可能性がある（BC118項）。

114

| | | |
|---|---|---|
| | 表す適時のデータ<br>（B50〜B52項） | |
| d | 検証されたデータ<br>（B53〜B54項） | 企業は，検証されたスコープ3のGHG排出データ<br>を優先しなければならない。検証されたデータに<br>は，内部または外部で検証されたデータが含まれ<br>る。 |

出所：IFRS S2号をもとに筆者作成

## ・スコープ3のGHG排出量へのインプットの開示

　企業は，IFRS S2号29項(a)(iii)（（8）①参照）に従ってスコープ3のGHG
排出量を測定するために使用する測定アプローチ，インプットおよび仮定に関
する情報を開示しなければならないが，上記で記載したデータインプットの特
性に関する情報を含むものとする。この開示の目的は，バリュー・チェーン活
動とスコープ3のGHG排出量を忠実に表現する，利用可能な最も高い品質の
データを企業がどのように優先しているかについての情報を，一般目的財務報
告書の利用者に提供することにある（B56項）。

| a | 企業のバリュー・チェーン内の特定の活動からのデータをインプットとして利用したスコープ3のGHG排出量の測定される程度 |
|---|---|
| b | 検証されたインプットを使用して，企業のスコープ3のGHG排出量が測定される程度 |

　なお，IFRS S2号は，スコープ3のGHG排出量が業界平均等の二次データを
用いて信頼性をもって見積ることができるという前提を置いている。企業が，
スコープ3のGHG排出量を見積ることが実務上不可能であると判断する稀な
場合には，スコープ3のGHG排出量をどのように管理しているかを開示しな
ければならない。

## （9）　発効日，経過措置（救済措置）

### ①　発効日

　企業は，2024年１月１日以降に開始する年次報告期間について，IFRS S2号を適用しなければならない。早期適用は認められる。IFRS S2号を早期適用する場合には，その旨を開示し，IFRS S1号を同時に適用しなければならない（C1項）。

　最初の適用日は，企業が最初にIFRS S2号を適用する年次報告期間の開始日となる（C2項）。

### ②　経過措置

　企業は，最初の適用日以前の期間については，IFRS S2号に定める開示を提供する必要はない。したがって，最初の年次報告期間において比較情報を開示する必要はない（C3項）。

　IFRS S2号を適用する最初の年次報告期間において，企業は以下の救済措置の一方または両方を使用することが認められる（C4項）。

> ・IFRS S2号の最初の適用日の直前の年次報告期間において，企業がGHG排出量を測定するためにGHGプロトコル（A Corporate Accounting and Reporting Standard（2004年））以外の方法を用いた場合，当該企業は，引き続き当該他の方法を用いることが認められる。
> ・スコープ３のGHG排出量を開示することを要求されない（Financed Emissionsの追加情報を含む）

　救済措置を使用する場合，企業はその後の報告期間において，当該情報を比較情報として表示する目的で，当該救済措置を引続き使用することができる。

　なお，IFRS S1号と同様に，開示要求の段階適用や企業の成熟度等に応じたIFRS S2号の適用を支援するための措置が設けられている。その要約は**図表２－３－13**のとおりである。

116

**図表２－３－13** 企業の成熟度等に応じたIFRS S2号の適用を支援するための措置

| | 企業の成熟度等に応じた対応のメカニズム | | 経過的な救済措置 | 適用を促進するための明確化 | |
| --- | --- | --- | --- | --- | --- |
| | 過大なコストや労力をかけずに入手できる合理的かつ裏付け可能な情報を利用できる | 入手可能なスキル・能力・リソースに応じた方法を採用する | | 以下の場合に定量情報の開示を免除 (a)影響が独立して識別されない，または，(b)測定の不確実性が高く有用な情報が提供できない | 指針や教育文書の提供 |
| リスクと機会の特定 | ○ | | | | ○ |
| バリュー・チェーンの範囲の決定 | ○ | | | | ○ |
| 現在の財務的影響 | | | | ○ | ○ |
| 予想される財務的影響 | ○ | ○ | | ○ | ○ |
| 気候関連シナリオ分析 | ○ | ○ | | | ○ |
| スコープ１およびスコープ２のGHG排出量の測定 | | | ○ | | ○ |
| スコープ３のGHG排出量の測定 | ○ | | ○ | | ○ |

| | | | | |
|---|---|---|---|---|
| 特定の産業共通の指標計算 | ○ | | | | ○ |
| その他の領域 - 最初の年次報告期間における報告時期や比較情報の提供 | | | ○ | | ○ |

出所：IFRS S2号BC15項をもとに筆者作成

# 第 3 章

## その他の主要なサステナビリティ報告基準の概要

## 第1節 ▎日本における報告基準

## （1） 日本におけるサステナビリティ情報の開示を取り巻く状況

　日本では，2020年10月に政府が2050年のカーボンニュートラルを目指すことを宣言し，気候変動を中心としたサステナビリティへの取組みが企業経営の中心的な課題として認識されるとともに，企業の取組みに対する情報開示へのニーズも急速に高まってきている。

　サステナビリティ情報の開示は，従来から法定開示書類の外側の任意開示書類における企業の自主的な取組みとして，グローバルに事業展開する企業を中心に行われていた。特に気候変動については，多くの企業がTCFDに賛同し，TCFD提言を活用した開示の実務が普及していった。そして，気候変動に係るサステナビリティ情報の開示が大きく進展するきっかけとなったのは，2021年6月に公表された再改訂版コーポレートガバナンス・コード（以下「改訂コード」という）であろう。この改訂コードでは，企業がサステナビリティについて基本的な方針を策定し自社の取組みを開示することが明記されたほか，プライム市場上場企業においては，TCFDまたはそれと同等の国際的枠組みに基づく気候変動開示の質と量の充実などが明記された。そしてこれらの開示は，法定開示において適切に行われるべきであるとされた。これにより，多くのプライム市場上場企業において，改訂コードへの対応としてTCFD提言を踏まえた開示が検討されるようになった。ただし，コーポレートガバナンス・コードはルールベースの開示ではなくプリンシプルベースの開示を求めており，また，各項目に対しては開示が義務付けられるわけではなく，コンプライ・オア・エクスプレインでの対応が求められるにとどまっていた。

　こうした経緯の中で，2021年9月から2022年5月まで金融審議会ディスクロージャーワーキング・グループが開催され，2022年6月に「金融審議会ディスクロージャーワーキング・グループ報告—中長期的な企業価値向上につながる資本市場の構築に向けて」が公表された。ここでは，国内外での非財務・サステナビリティに関する議論の急速な高まりを踏まえて，非財務・サステナビ

リティ情報の開示の充実と効率化について審議が行われ，その中で，法定開示書類である有価証券報告書において，サステナビリティ情報を一体的に提供する枠組みとして，独立した「記載欄」を創設することが提言された。また，「記載欄」における開示内容については，TCFD提言における4つの構成要素（ガバナンス，戦略，リスク管理，指標及び目標）に基づく開示の実務の広がりや，ISSBが4つの構成要素を取り込んだ基準開発を進めていたことなどを踏まえて，国際的な比較可能性の観点から，日本においても同様の枠組みで開示することが適切であるとされた。

## （2）　日本におけるサステナビリティ情報開示の制度化

　金融審議会ディスクロージャーワーキング・グループの提言を受け，2023年1月に「企業内容等の開示に関する内閣府令等の一部を改正する内閣府令」（以下「開示府令」という）等が金融庁から公表され，有価証券報告書において「サステナビリティに関する考え方及び取組」の欄が「事業等のリスク」の直前に新設され，2023年3月期に関する有価証券報告書から開示が義務化されることとなった。こうして，コーポレートガバナンス・コードにおけるプライム市場上場企業向けのソフト・ローから，開示府令による全上場企業向けのハード・ローへとサステナビリティ情報の開示の制度化が進展してきた。

　一方で，新設された「サステナビリティに関する考え方及び取組」における開示内容は，以下を除き詳細には定められておらず，企業の取組状況に応じた柔軟な開示が認められることとされた。

---

・TCFD提言における4つの構成要素について記載すること（だたし，戦略と指標及び目標については，重要なものに限る）
・人的資本に関しては，戦略と指標及び目標について重要性にかかわらず記載すること

---

　こうした状況と並行して，2022年10月から12月まで金融審議会ディスクロージャーワーキング・グループが開催され，2022年12月に「金融審議会ディスクロージャーワーキング・グループ報告」が公表された。ここでは，わが国にお

けるサステナビリティ開示基準や保証のあり方について審議が行われ，日本の有価証券報告書におけるサステナビリティ情報の開示基準として，2022年7月に設立されたサステナビリティ基準委員会（SSBJ）が開発する開示基準を利用できるよう，今後関係法令の整備を行っていくことが提言されるとともに，保証のあり方についての議論も踏まえて，開示・保証の制度化に向けたロードマップが示された（保証については第4章第3節参照）。

## （3） 日本におけるサステナビリティ報告基準の開発状況

SSBJは，企業会計基準委員会（ASBJ）の姉妹組織として，財務会計基準機構（FASF）の下に2022年7月に設立された組織である。IFRS財団がIASBの姉妹組織としてISSBを設立したのと同様の構造となっており，日本におけるサステナビリティ開示基準の開発やISSBによる国際的なサステナビリティ開示基準の開発への貢献が主たる目的となっている。

SSBJは，国際的に整合したサステナビリティ開示基準を開発すべく，公表されたIFRS S1号およびIFRS S2号に相当する基準として，日本版S1基準および日本版S2基準を開発することを公表しており，2024年3月末までに公開草案を公表し，パブリックコンサルテーションを実施した上で遅くとも2025年3月末までに最終基準を公表する計画である。最終基準の公表後（2026年3月期以降）は早期適用も可能となる予定であるが，強制適用の時期については，今後の企業のサステナビリティ開示への対応状況なども踏まえて慎重に検討する予定であるとされているため，その時期は今後の日本における開示実務の進展の度合いに大きく依存するものと考えられる。

なお，SSBJの基準には，ISSBの公表した基準のうち強制力のあるもののみが含まれることとなっており，強制力のないもの（例示的ガイダンスや設例など）についてはSSBJの開発する基準には原則として含まれない予定である。

また，SSBJは日本版S1基準および日本版S2基準の開発にあたって，論点リストを公表している。当該論点リストから，これまでの議論の状況やこれから議論される内容を見通すことができるが，まずは2024年3月末の公開草案公表までの間の議論の状況を注視していくことが必要であろう。

# 第2節 ▍海外における報告基準

## （1）　欧州連合（EU）

### ①　企業サステナビリティ報告指令（CSRD）

　EUにおける連結を含めた年次財務諸表の作成に関する要件は，EU会計指令（Directive 2013/34/EU）（以下「会計指令」という）に定められており，同指令では，500人以上の従業員を有する大規模な公益企業[1]（NFRD適用企業）に対してCSRDの発効以前から特定の非財務情報の開示を要求していた。しかしながら，同指令に基づく企業の非財務情報の開示に関し，開示情報の十分性，比較可能性，信頼性および報告企業の対象範囲等について懸念点が認識されていた。これらの懸念に対応するようCSRDは会計指令を改訂し，その結果，サステナビリティ情報の開示が要請される企業の対象範囲は，非上場企業も含め大幅に拡大されることとなった。また，報告基準の指定や保証の要求を通じて，企業が報告する情報の比較可能性や信頼性の改善を図ることもその狙いにある。

　CSRDは，EU全体のサステナビリティ活動に向かう資本の流れを改善することを目的とした一連の法規制の中心となるものであり，EUタクソノミー規則等の他の法規制との組み合わせにより，欧州グリーンディールや国連の持続可能な開発目標に沿った，完全に持続可能で包括的な経済・金融システムへの移行に貢献することができるとされている。

　なお，CSRDは2024年7月までにEU加盟各国の現地法令に置き換えられることとなっており，その過程で内容の追加やCSRDで認められている選択肢の限定などが行われることがあるため，詳細については現地法令を確認する必要

---

1　公益企業とは，会計指令で以下のいずれかに該当する企業としている。
　●加盟国の法律に準拠し，その譲渡可能な証券が加盟国の規制市場での取引を許可されている企業（以下「EU上場企業」という）
　●信用機関
　●保険企業
　●上記以外で加盟国によってその指定がなされた企業

124

がある点にご留意いただきたい。

・適用範囲および適用時期
〈適用範囲〉

　CSRD適用以前は，会計指令による非財務情報の報告義務は500人以上の従業員を有する大規模な公益企業に限定されていた。この適用範囲がCSRDにより大幅に拡大することとなる。具体的には，CSRDは，大規模企業，EU規制市場に上場している中小企業およびEUで重要な経済活動を行うEU域外企業（第三国企業）に適用となる。この適用範囲の重要なポイントとしては，大規模企業に該当すれば，非上場企業であったとしても対象となること，さらに第三国企業にまで報告対象範囲が拡大されたことが挙げられる。なお，これら企業の定義は**図表３－２－１**のとおりである（判定対象がグループであればグループベースの数値で判定をする）。

**図表３－２－１**　CSRDが適用となる企業の定義

| 企業の種類 | 定　　義 | EU上場 | EU非上場 |
|---|---|---|---|
| 大規模企業（非上場を含む） | 以下の要件のうち２つ以上が該当する：<br>・総資産25百万ユーロ超<br>・売上高50百万ユーロ超<br>・平均従業員250人超 | 対象 | 対象 |
| 中規模企業（EU規制市場上場のみ） | 小規模企業以上であり，以下の要件のうち該当するものが１つ以内：<br>・総資産25百万ユーロ超<br>・売上高50百万ユーロ超<br>・平均従業員250人超 | 対象 | 対象外 |
| 小規模企業（EU規制市場上場のみ） | 以下の要件のうち該当するものが１つ以内：<br>・総資産５百万ユーロ超<br>・売上高10百万ユーロ超<br>・平均従業員50人超 | 対象 | 対象外 |
| 第三国企業 | 以下の要件をともに満たすEU域外の第三国企業 | —[2] | 対象 |

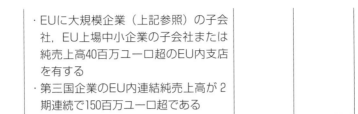

| | ・EUに大規模企業（上記参照）の子会社，EU上場中小企業の子会社または純売上高40百万ユーロ超のEU内支店を有する<br>・第三国企業のEU内連結純売上高が２期連続で150百万ユーロ超である | |

出所：会計指令および透明性指令（Directive 2004/109/EC）をもとに筆者作成

　CSRDでは，サステナビリティ報告の免除規定も設けており，上表の定義に該当する場合でもあっても，例えば，欧州域外の親会社が連結ベースでCSRDに準拠したサステナビリティ報告をしており，本来報告をする必要のあるその子会社が連結サステナビリティ報告に含まれていれば，他の一定の要件を満たすことにより，子会社レベルでのサステナビリティ報告は免除される。そのため，CSRDが適用となるEUの現地法人がある場合でも，欧州域外の親会社がグループレベルでCSRDに基づくサステナビリティ報告を実施することにより，現地法人個社単位での開示は免除されることとなる。

　この点は状況によっては非常に有用なものとなるが，本免除規定には次の留意点もある。上述したとおり，会計指令では財務報告に関する規定も含んでおり，財務報告においても類似の免除規定は存在するのだが，サステナビリティ報告における免除規定と財務報告における免除規定はそれぞれ別個に判定が必要となる。そのため，たとえこれまで財務報告において連結財務諸表の作成，報告が免除されていたとしても，連結サステナビリティ報告の免除の要件を満たすかどうかは別途判定しなければならない。

〈適用時期〉

　次にCSRDの適用時期であるが，企業の種類により適用時期が**図表３－２－２**のとおりとなっている。

---

2　EUの規制市場に上場する第三国企業はEU企業と同等の要件が適用となるため，EUに上場していない第三国企業用の定義ではなく，EU企業が判定を行う大中小規模の定義が適用となる。

図表３－２－２　CSRDの適用時期

| 企業の種類 | 適用時期 |
|---|---|
| NFRD適用企業 | 2024年１月１日以後開始する事業年度 |
| 大規模企業 | 2025年１月１日以後開始する事業年度 |
| 中小規模企業 | 2026年１月１日以後開始する事業年度<br>（2028年１月１日以後開始する事業年度まで延期することも可能） |
| 第三国企業（EU上場企業を除く） | 2028年１月１日以後開始する事業年度 |

出所：CSRDをもとに筆者作成

　EU域内に大規模企業に該当する子会社を有する日本の親会社は，同子会社へのCSRDの適用が2025年１月１日以後開始する事業年度から開始することとなるが，サステナビリティ開示の現状の体制やリソース等も踏まえ，日本の親会社がグループレベルでCSRDに従ったサステナビリティ報告を実施することで同子会社が報告免除を受けられるようにするか，または，同子会社にサステナビリティ報告をさせるかを検討，決定する必要がある。

・報告基準
　CSRDの適用対象企業は今後サステナビリティ開示をするにあたり，欧州委員会（EC）が採択する報告基準に従ってサステナビリティ情報の作成および報告をすることとなる。CSRDでは複数の報告基準に言及しており，それぞれの報告基準の内容は**図表３－２－３**のとおりである。

図表３－２－３　サステナビリティ報告基準の種類

| 基準の種類 | 想定適用対象企業 | 採択時期 |
|---|---|---|
| 欧州サステナビリティ報告基準（ESRS） | 大規模企業 | 2023年 |
| セクター別ESRS | | 2026年６月30日まで |

| 中小企業向け報告基準 | 中小規模企業 | 2024年6月30日まで |
|---|---|---|
| 第三国企業向け報告基準 | 第三国企業（EU上場企業を除く） | 2026年6月30日まで |
| ESRSと同等の報告基準 | | ECによる同等性評価の時期は執筆時点で未定 |

出所：CSRD等をもとに筆者作成

　想定適用対象企業と記載したのは，企業の種類によって，ESRS以外の報告基準も選択適用できるからである。例えば，第三国企業（EU上場企業を除く）であれば，通常のESRS以外にも第三国企業向け報告基準やESRSと同等の報告基準による開示も認められる。また，中小規模企業においても通常のESRSに加え，中小企業向け報告基準による開示をすることも可能である。

　執筆時点でECによる採択が終了し委任法として成立している報告基準は大規模企業に適用となるESRSのみで，それ以外の基準の採択予定は図表3－2－3のとおりである。なお，大規模企業に適用となるESRSの内容については②で詳述している。

・第三者保証

　CSRDにより2024年から開始するサステナビリティ報告は，第三者保証の対象となる。保証のレベルは当初は限定的保証となるが，将来的に合理的保証が要求される可能性がある。また，執筆時点においてCSRDのサステナビリティ報告に対応するEUの統一的な保証業務基準はなく，ECは2026年10月までにそのような保証業務基準を採択予定としている。それまでの期間においては，各EU加盟国で採用している国内保証業務基準を使用することが認められている。

　また，保証の実施者に関しては，財務諸表の監査を実施している監査人に加え，それ以外の監査人，さらに品質管理体制の構築等，監査人に求められる要件を満たすことを条件に独立の保証サービス提供者による保証もCSRDでは認めている。ただし，CSRDがEU加盟各国の現地法令に置き換えられる過程で，独立の保証サービス提供者による保証を認めないこととする加盟国も出てくる可能性があるため，留意が必要である。

## ② ESRS

CSRDが適用となる大規模企業は今後，ESRSに従ったサステナビリティ報告をしなければならない。以下，ESRSの内容を説明していく。

### ・ESRSの概要

ISSBが公表したIFRSサステナビリティ開示基準とは異なり，ESRSはE・S・G領域を広範にカバーする基準が存在し，その構成は**図表3－2－4**のとおりである。

**図表3－2－4** ESRSの構成

| 横断的基準 | | | | |
|---|---|---|---|---|
| ESRS 1<br>全般的な要求事項 | | | ESRS 2<br>全般的な開示事項 | |
| 環境に関するトピック別基準 | | | | |
| ESRS E1<br>気候変動 | ESRS E2<br>汚染 | ESRS E3<br>水と海洋資源 | ESRS E4<br>生物多様性と<br>生態系 | ESRS E5<br>資源利用と<br>循環型経済 |
| 社会に関するトピック別基準 | | | | |
| ESRS S1<br>自社従業員 | ESRS S2<br>バリュー・チェーンの労働者 | | ESRS S3<br>影響を受ける<br>地域社会 | ESRS S4<br>消費者・エンド<br>ユーザー |
| ガバナンスに関するトピック別基準 | | | | |
| ESRS G1<br>企業行動 | | | | |

出所：ESRSをもとに筆者作成

IFRSサステナビリティ開示基準が一般目的財務報告書の利用者を対象とするシングル・マテリアリティの概念を採用しているのに対し，ESRSではそれら利用者に加え従業員，取引先等を含む幅広いステークホルダーも利用者として想定した，いわゆるダブル・マテリアリティという概念を採用している。そ

のため，ESRSに従う開示では，企業へのリスクおよび機会のみならず，企業が環境や人々に与える影響についても開示することが求められる。

　各サステナビリティ事項の開示の枠組みとしては，IFRSサステナビリティ開示基準とほぼ同様の4つ（「ガバナンス」，「戦略」，「インパクト（Impact）・リスク（Risk）・機会（Opportunity）の管理」（以下「IRO管理」という）ならびに「指標および目標」）からなるコア・コンテンツを採用している。以下では，それぞれの基準でカバーされる内容についてより詳細に見ていきたいと思う。

## ・ESRS 1

　ESRSは横断的基準，トピック別基準およびセクター別基準の3つのカテゴリーにより構成されており，このうち横断的基準およびトピック別基準は企業の業種に関係なく，すべての企業に適用される[3]。なお，企業のインパクト，リスクおよび機会を理解するにあたり，重要性がある場合には，これら基準でカバーされていない場合でも企業特有の開示事項として開示する必要がある。

　企業が各基準を適用しどのような情報を開示するか決定する際には，原則的に重要性の判断を行う必要がある。原則的にと記載したのは，後述するESRS 2で規定されている開示要求事項については重要性の判断にかかわらず開示が求められているからである。それ以外のトピック別基準については，重要性の判断を実施した結果，そのトピック自体の開示をしない場合もあれば，トピック内の一部の開示要求事項を適用しない場合もありうる。重要性評価による開示項目の識別の流れについては**図表3−2−5**を参照されたい。なお，重要性判断の結果，ESRS E1の気候変動が重要でないと判断した場合には，そのような結論に至った詳細な説明を開示する必要がある。その他のトピックについては，そのような説明を任意で開示することができるものの，要求はされていない。

　ESRS 1では，上記のESRSのカテゴリーや重要性に関するものに加え，

---

3　執筆時点ではセクター別基準は開発中であり，CSRD等に従えば2026年6月30日までにECによる採択が予定されている。

130

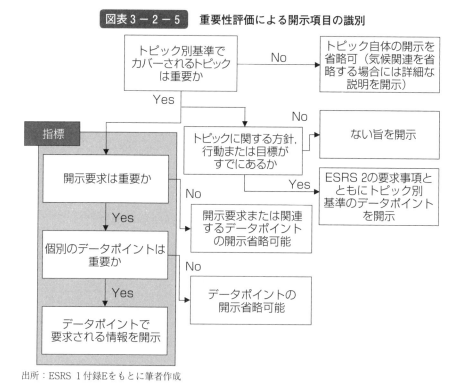

図表3－2－5　重要性評価による開示項目の識別

出所：ESRS 1 付録Eをもとに筆者作成

ESRSに従ってサステナビリティ報告の作成および報告をする際に企業が適用しなければならない全般的な要求事項を定めている。ESRS 1 の構成およびそれらの要求事項等のポイントは**図表3－2－6**のとおりである。

図表3－2－6　ESRS 1の構成および内容の要約

| 構成 | 要求事項等のポイント（要約） |
|---|---|
| ESRS基準の構成 | ESRS基準のカテゴリー等を規定（上記参照）。 |
| 情報の定性的特性 | 関連性と忠実な表示を基礎として，比較可能性，検証可能性，理解可能性を高める。 |

| ダブル・マテリアリティ | インパクトマテリアリティと財務マテリアリティに基づく重要性評価をし，重要性の評価に基づき開示項目を特定（上記参照）。 |
|---|---|
| サステナビリティ・デューデリジェンス | ESRS自体はデューデリジェンスの実施を課すものではない。デューデリジェンスに関する開示要求についてはESRS 2やトピック別基準で規定。 |
| バリュー・チェーン | 財務諸表上の連結グループに加えて，重要なバリュー・チェーンも開示の対象となる。バリュー・チェーン情報の入手が困難な場合は，見積りによる開示も容認。 |
| 対象期間（Time horizon） | 財務諸表とサステナビリティ・ステートメントの対象期間は同一。短・中・長期は原則それぞれ1年以内，1年超5年以内，5年超とするが，この期間に事業上の関連性がない場合は他の期間とすることも可能。 |
| サステナビリティ情報の作成と表示 | すべての定量的な指標および金額の開示で比較年度の開示が1年分必要（関連性がある場合は定性情報も比較年度の開示が必要）。見積情報は，更新があれば，当年度に合わせて過年度分を更新する必要あり。 |
| サステナビリティ・ステートメントの内容と構成 | サステナビリティ・ステートメントはEUタクソノミー規則8条の開示を含めなければならい（明確に区別かつ環境項目内に開示）。 |
| 他の企業報告とのリンケージ，つながりのある情報 | マネジメントレポート，財務諸表，その他認められた書類からの参照可。各情報とのつながりに関する説明が必要。 |
| 経過措置 | 入手困難なバリュー・チェーン情報は3年猶予。初度適用時は比較年度開示不要。特定の開示要求について段階的開示を容認。 |

出所：ESRS 1をもとに筆者作成

　上表最後の経過措置のうち，段階的開示の容認については，企業の従業員数によって選択可能な経過措置が異なる点に留意が必要である。具体的には，企業の財務年度における平均従業員数が750人以内かどうかで，選択できる段階的規定の経過措置が異なる。例えば，平均従業員数が750人以内の企業は，ESRS S1で要求される情報の開示を適用初年度において省略することができ，また，ESRS S2からS4に関しては，2年目まで開示を省略することができる。

・ESRS 2

　ESRS 2で規定される要求事項は，企業が属するセクターにかかわらず，すべての企業に適用され，また，サステナビリティトピックにまたがって適用される。ESRS 2では，企業が採用した時間軸，バリュー・チェーン情報に関する見積り，不確実性および過去の期間の誤謬等のサステナビリティ・ステートメントの作成の基礎に関する要求事項や，コア・コンテンツにおける要求事項を規定している。上述したとおり，ESRS 2で規定されるこれらの要求事項については，企業の重要性評価の結果にかかわらず，すべて開示が求められることに留意が必要である。

　ESRS 2の構成および開示項目の要約は**図表3－2－7**のとおりである。

**図表3－2－7**　　ESRS 2の構成および開示項目の要約

| 領域 | 開示要求事項 | 開示項目の要約 |
|---|---|---|
| 作成の基礎 | BP-1: サステナビリティ・ステートメント作成の全般基礎 | 連結範囲，バリュー・チェーンのカバー範囲，開示省略オプション適用の有無等の開示 |
| | BP-2: 特定の状況に関する開示 | 時間軸の定義，見積りを利用したバリュー・チェーン指標，見積測定の不確実性がある定量的な指標および金額の開示，過年度の誤謬，参照で開示したデータポイント，段階的措置に基づき開示を省略したトピックのうち重要と判断されるもの等の開示 |
| ガバナンス | GOV-1: 管理・経営・監督機関（以下「AMSB」という）の役割 | 構成とダイバーシティ，役割と責任，専門性およびスキル，幹部と非幹部の人数，従業員等の代表，ジェンダー，独立取締役比率等の開示 |
| | GOV-2: AMSBに提供された情報およびAMSBが対処したサステナビリティ事項 | 誰がどの頻度で伝達を受けているか，またどのように検討をしているか等の開示 |
| | GOV-3: サステナビリティ関連パフォーマンスのインセンティ | サステナビリティ事項がインセンティブ評価に使われているか，インセンティブ |

| | ブ制度への統合 | スキームの特徴およびインセンティブスキームの承認者等の開示 |
|---|---|---|
| | GOV-4: デューデリジェンスに関する報告 | デューデリジェンスのプロセスについて，サステナビリティ・ステートメントに示された情報のマッピングの開示 |
| | GOV-5: サステナビリティ報告に関するリスク管理と内部統制 | サステナビリティ報告のリスク管理，内部統制プロセスとシステム，リスク評価方法，主要なリスクと軽減戦略，発見事項の内部機能への統合および定期報告等に関する開示 |
| 戦略 | SBM-1: 戦略，ビジネスモデルおよびバリュー・チェーン | 重要な商品，市場，従業員数，禁止商品，ESRSセクター別の収益分解，化石燃料や化学品関連の活動の有無，市場等の評価，戦略の要素等の開示 |
| | SBM-2: ステークホルダーの関心および意見 | 主要な利害関係者，その組織，目的，利害関係者の利害と見解，その利害と見解に対応するためのビジネスモデルの変更方針等の開示 |
| | SBM-3: 重要な影響，リスクおよび機会ならびに戦略およびビジネスモデルとそれらの相互作用 | 重要なIRO，ビジネスモデル，バリュー・チェーン，戦略および意思決定へのIROの影響，IROの現在・予想される財務影響，レジリエンス等の開示 |
| IRO | IRO-1: 重要な影響，リスクおよび機会を識別・評価するプロセスの説明 | 方法と仮定，プロセスの概要，意思決定プロセス，内部統制および使用したインプット等の開示 |
| | IRO-2: サステナビリティ・ステートメントの対象となるESRS開示要求 | 開示した開示要求事項のリスト，気候が重要でないとした場合の詳細な説明等の開示 |
| | MDR-P: 重要なサステナビリティ事項を管理するために採用された方針 | 主要な方針，方針の適用範囲，方針実行の責任者，第三者基準の参照等の開示 |
| | MDR-A: 重要なサステナビリティ事項に関連する行動およびリソース | 実行した行動と将来の計画，行動の範囲，救済のために実行した行動，行動の進捗や計画の定性・定量情報，配分され |

| | | たリソース等の開示 |
|---|---|---|
| 指標と目標 | MDR-M: 重要なサステナビリティ事項に関連する指標 | パフォーマンスと効果を評価するために利用している指標，測定方法および重要な前提および指標が第三者により検証されているか等の開示 |
| | MDR-T: 目標を通じた方針および行動の有効性の追跡 | 目標と方針の関係，決定された目標水準，目標と範囲，目標の基礎となる数値と年度，目標決定の方法や前提条件，目標に対するパフォーマンス・進捗，測定可能な目標設定をしていない場合の有効性追跡の有無等の開示 |

出所：ESRS 2 をもとに筆者作成


・トピック別基準

　トピック別基準では，特定のサステナビリティ事項に関し，コア・コンテンツに基づく開示要求事項を規定している。これら基準を適用する際には，ESRS 1 およびESRS 2 の要求事項も考慮し，また合わせて適用する必要がある。各トピック別基準のコア・コンテンツごとの開示要求事項は**図表3－2－8**から**図表3－2－17**のとおりである。


**図表3－2－8**　ESRS E1：気候変動に関するコア・コンテンツごとの開示要求事項

| 領域 | 開示要求事項 |
|---|---|
| ガバナンス | ESRS 2 GOV-3: サステナビリティ関連パフォーマンスのインセンティブ制度への統合 |
| 戦略 | E1-1: 気候変動緩和に係る移行計画 |
| | ESRS 2 SBM-3: 重要な影響，リスクおよび機会ならびに戦略およびビジネスモデルとそれらの相互作用 |
| IRO管理 | ESRS 2 IRO-1: 重要な気候関連の影響，リスクおよび機会を識別・評価するプロセスの説明 |
| | E1-2: 気候変動の緩和と適応に関する方針 |

| 指標と目標 | E1-3: 気候変動方針に関連する行動およびリソース |
|---|---|
| | E1-4: 気候変動の緩和と適応に関する目標 |
| | E1-5: エネルギー消費量とエネルギーミックス |
| | E1-6: スコープ１，２および３ならびに合計のGHG総排出量 |
| | E1-7: カーボン・クレジットを通じて資金提供されたGHG除去およびGHG緩和プロジェクト |
| | E1-8: 内部炭素価格 |
| | E1-9: 重要な物理的リスク，移行リスクおよび潜在的な気候関連の機会から予想される財務的影響 |

出所：ESRS E1をもとに筆者作成

**図表３－２－９**　**ESRS E2：汚染に関するコア・コンテンツごとの開示要求事項**

| 領域 | 開示要求事項 |
|---|---|
| IRO管理 | ESRS 2 IRO-1: 重要な汚染に関連する影響，リスクおよび機会を識別・評価するプロセスの説明 |
| | E2-1: 汚染に関する方針 |
| | E2-2: 汚染に関する行動とリソース |
| 指標と目標 | E2-3: 汚染に関する目標 |
| | E2-4: 大気，水，土壌の汚染 |
| | E2-5: 環境負荷物質および高懸念物質 |
| | E2-6: 汚染関連のリスクおよび機会から予想される財務的影響 |

出所：ESRS E2をもとに筆者作成

**図表３－２－10**　**ESRS E3：水と海洋資源に関するコア・コンテンツごとの開示要求事項**

| 領域 | 開示要求事項 |
|---|---|
| IRO管理 | ESRS 2 IRO-1: 重要な水および海洋資源に関連する影響，リスクおよび機会を識別・評価するプロセスの説明 |
| | E3-1: 水および海洋資源に関する方針 |

| | E3-2: 水および海洋資源に関する行動とリソース |
|---|---|
| 指標と目標 | E3-3: 水および海洋資源に関する目標 |
| | E3-4: 水の消費量 |
| | E3-5: 水および海洋資源関連のリスクおよび機会から予想される財務的影響 |

出所：ESRS E3をもとに筆者作成

**図表3－2－11** ESRS E4：生物多様性と生態系に関するコア・コンテンツごとの開示要求事項

| 領域 | 開示要求事項 |
|---|---|
| 戦略 | E4-1: 戦略およびビジネスモデルにおける生物多様性と生態系の移行計画と考慮 |
| | SBM 3: 重要な影響，リスクおよび機会ならびに戦略およびビジネスモデルとそれらの相互作用 |
| IRO管理 | ESRS 2 IRO-1: 重要な生物多様性および生態系に関連する影響，リスクおよび機会を識別し，評価するためのプロセスの説明 |
| | E4-2: 生物多様性および生態系に関する方針 |
| | E4-3: 生物多様性および生態系に関する行動およびリソース |
| 指標と目標 | E4-4: 生物多様性および生態系に関する目標 |
| | E4-5: 生物多様性および生態系の変化に関する影響指標 |
| | E4-6: 生物多様性および生態系関連のリスクおよび機会から予想される財務的影響 |

出所：ESRS E4をもとに筆者作成

**図表3－2－12** ESRS E5：資源利用と循環型経済に関するコア・コンテンツごとの開示要求事項

| 領域 | 開示要求事項 |
|---|---|
| IRO管理 | ESRS 2 IRO-1: 重要な資源利用と循環型経済に関連する影響，リスクおよび機会を識別・評価するプロセスの説明 |
| | E5-1: 資源利用と循環型経済に関する方針 |

| 指標と目標 | E5-2: 資源利用と循環型経済に関する行動とリソース |
|---|---|
| | E5-3: 資源利用と循環型経済に関する目標 |
| | E5-4: 資源の流入 |
| | E5-5: 資源の流出 |
| | E5-6: 資源利用および循環型経済関連のリスクおよび機会から予想される財務的影響 |

出所：ESRS E5をもとに筆者作成

**図表3－2－13**　ESRS S1：自社従業員（Workforce）に関するコア・コンテンツごとの開示要求事項[4]

| 領域 | 開示要求事項 |
|---|---|
| 戦略 | ESRS 2 SBM-2: ステークホルダーの関心および意見 |
| | ESRS 2 SBM-3: 重要な影響，リスクおよび機会ならびに戦略およびビジネスモデルとそれらの相互作用 |
| IRO管理 | S1-1: 自社従業員に関する方針 |
| | S1-2: 影響について自社労働者および労働者代表とエンゲージするためのプロセス |
| | S1-3: 負の影響を修復するプロセスと自社労働者が懸念を提起するためのチャネル |
| | S1-4: 自社従業員への重大な影響に対する行動，重大なリスクを緩和し，自社従業員に関連する重大な機会を追求するためのアプローチ，およびそれらの行動の有効性 |
| | S1-5: 重大な負の影響の管理，正の影響の推進，重大なリスクおよび機会の管理に関する目標 |
| | S1-6: 企業の雇用者の特徴 |
| | S1-7: 企業の自社従業員における非雇用労働者の特徴 |
| | S1-8: 団体交渉の適用範囲および社会的な対話 |
| | S1-9: ダイバーシティ指標 |

4　ESRS S基準のworkforce, workerおよびemployeeは，本書においてそれぞれ従業員，労働者および雇用者としている。

138

| 指標と目標 | S1-10: 適切な賃金 |
|---|---|
| | S1-11: 社会的保護 |
| | S1-12: 障碍者 |
| | S1-13: 訓練と技能開発指標 |
| | S1-14: 健康安全指標 |
| | S1-15: ワークライフバランス指標 |
| | S1-16: 報酬指標（賃金格差と総報酬） |
| | S1-17: 事件，苦情および深刻な人権への影響および事件 |

出所：ESRS S1をもとに筆者作成

**図表3－2－14** **ESRS S2：バリュー・チェーンの労働者に関するコア・コンテンツごとの開示要求事項**

| 領域 | 開示要求事項 |
|---|---|
| 戦略 | ESRS 2 SBM-2: ステークホルダーの関心および意見 |
| | ESRS 2 SBM-3: 重要な影響，リスクおよび機会ならびに戦略およびビジネスモデルとそれらの相互作用 |
| IRO管理 | S2-1: バリュー・チェーン労働者に関連する方針 |
| | S2-2: バリュー・チェーン労働者と影響についてエンゲージするためのプロセス |
| | S2-3: 負の影響を是正するプロセスとバリュー・チェーン労働者が懸念を提起するためのチャネル |
| | S2-4: バリュー・チェーン労働者への重要な影響に関する行動，バリュー・チェーン労働者に関連する重要なリスクを管理し，重要な機会を追求するためのアプローチやそれらの行動の有効性 |
| 指標と目標 | S2-5: 重要な負の影響の管理，正の影響の促進，重要なリスクおよび機会の管理に関する目標 |

出所：ESRS S2をもとに筆者作成

**図表3－2－15** ESRS S3：影響を受ける地域社会に関するコア・コンテンツごとの開示要求事項

| 領域 | 開示要求事項 |
|---|---|
| 戦略 | ESRS 2 SBM-2: ステークホルダーの関心および意見 |
| | ESRS 2 SBM-3: 重要な影響，リスクおよび機会ならびに戦略およびビジネスモデルとそれらの相互作用 |
| IRO管理 | S3-1: 影響を受ける地域社会に関連する方針 |
| | S3-2: 影響を受ける地域社会と影響についてエンゲージするためのプロセス |
| | S3-3: 負の影響を是正するプロセスと影響を受ける地域社会が懸念を提起するためのチャネル |
| | S3-4: 影響を受ける地域社会への重要な影響に関する行動，影響を受ける地域社会に関連する重要なリスクを管理し，重要な機会を追求するためのアプローチやそれらの行動の有効性 |
| 指標と目標 | S3-5: 重要な負の影響の管理，正の影響の促進，重要なリスクおよび機会の管理に関する目標 |

出所：ESRS S3をもとに筆者作成

**図表3－2－16** ESRS S4：消費者・エンドユーザーに関するコア・コンテンツごとの開示要求事項

| 領域 | 開示要求事項 |
|---|---|
| 戦略 | ESRS 2 SBM-2: ステークホルダーの関心および意見 |
| | ESRS 2 SBM-3: 重要な影響，リスクおよび機会ならびに戦略およびビジネスモデルとそれらの相互作用 |
| IRO管理 | S4-1: 消費者・エンドユーザーに関連する方針 |
| | S4-2: 消費者・エンドユーザーと影響についてエンゲージするためのプロセス |
| | S4-3: 負の影響を是正するプロセスと消費者・エンドユーザーが懸念を提起するためのチャネル |
| | S4-4: 消費者・エンドユーザーへの重要な影響に関する行動，消費者・エンドユーザーに関連する重要なリスクを管理し，重要な機会を |

| | 追求するためのアプローチやそれらの行動の有効性 |
|---|---|
| 指標と目標 | S4-5: 重要な負の影響の管理，正の影響の促進，重要なリスクおよび機会の管理に関する目標 |

出所：ESRS S4をもとに筆者作成

**図表3－2－17** **ESRS G1：企業行動に関するコア・コンテンツごとの開示要求事項**

| 領域 | 開示要求事項 |
|---|---|
| ガバナンス | ESRS 2 GOV-1: 管理・監督・経営機関の役割 |
| IRO管理 | ESRS 2 IRO-1: 重要な影響，リスクおよび機会を識別・評価するプロセスの説明 |
| | G1-1: 企業文化・企業行動方針 |
| | G1-2: サプライヤーとの関係管理 |
| | G1-3: 汚職・贈収賄の防止および発見 |
| 指標と目標 | G1-4: 確定した汚職または贈収賄事件 |
| | G1-5: 政治的影響力およびロビー活動 |
| | G1-6: 支払慣行 |

出所：ESRS G1をもとに筆者作成

## （2）　米　国

### ①　米国におけるサステナビリティ報告を巡る動向

　米国におけるサステナビリティ情報に関する制度開示の枠組みは，年次報告書（Form 10-K）における非財務情報の開示を規定した規則S-K（Regulation S-K）に規定されている。

　米国証券取引委員会（SEC）は，規則S-Kの解釈を示すために2010年に気候関連開示に関するガイダンスを発行した。これは，当時の気候変動開示への情報ニーズの高まりを踏まえて発行されたものであったが，気候変動を取り巻く環境はその後大きく変化してきたため，SECは当該ガイダンスに基づく気候関

連開示の状況について2021年2月以降に調査を行い，開示の改善が求められる点について対象企業にコメントを送付するとともに，典型的なコメントについてサンプルコメントレターとして同年9月に公表を行った。また，同時に当該ガイダンスを現在の状況に合わせて改訂する必要性についても検討を開始しており，同年3月，気候変動に関する開示を，一貫性があり，比較可能で信頼性のある情報にするための対応策について情報要請を実施した。

　こうした経緯に基づき，SECは2022年3月に気候開示に関する新たな規則案として，The Enhancement and Standardization of Climate-Related Disclosures for Investors（以下「気候開示規則案」という）を公表した。

　一方，上記の制度開示の動きとは別に，任意開示における枠組みとして，2011年にサンフランシスコで設立された米国サステナビリティ会計基準審議会（SASB）が基準開発を行ってきた。SASBは2018年に，11セクター77業種について，業種ごとの重要なサステナビリティ課題や開示指標を公表しており，米国内外の多くの企業の自主的な開示に取り入れられてきた。ISSBの設立を経て2022年8月にISSBがSASBスタンダードの維持や今後の開発を引き継ぐこととなったため，今後はISSBのデュー・プロセスに従って基準の開発が行われる予定である。

## ②　SECが公表した気候開示規則案の概要

　SASBスタンダードについては第2章で別途説明しているため，ここでは，SECが公表した気候開示規則案について説明をしたい。公表された気候開示規則案に対しては14,000を超えるコメントが寄せられ，注目度が高いことが改めて認識されている。なお，2023年12月末時点では，SECはコメントを踏まえた再検討を実施している最中であり，最終版の公表は行われていない。

### ・適用範囲および適用時期
　SECの気候開示規則案はSEC登録企業に適用され，日本を含む外国登録企業も含まれることとなっている。すなわち，Form 20-FやForm F-4 の提出企業も適用対象となる。適用時期は，現時点では1年以上遅れる可能性が高いものと想定はされているが，公表された気候開示規則案では**図表3－2－18**のよう

になっており，会社規模による段階適用が予定されている。具体的には，早期提出会社の適用時期は大規模早期提出会社から１年遅れとなる予定であり，非早期適用会社については早期提出会社と同じ適用時期であるものの，第三者保証が任意とされている。

**図表３－２－18**　気候開示規則案の適用時期（遅れる可能性が高い）

|  | 大規模早期提出会社 | 早期提出会社 | 非早期提出会社 |
|---|---|---|---|
| 2023年 | スコープ３排出量を除くすべての開示 | N/A | N/A |
| 2024年 | すべての開示＋スコープ１，２排出量の限定的保証 | スコープ３排出量を除くすべての開示 | スコープ３排出量を除くすべての開示 |
| 2025年 | 同上 | すべての開示＋スコープ１，２排出量の限定的保証 | すべての開示 |
| 2026年 | すべての開示＋スコープ１，２排出量の合理的保証 | 同上 | 同上 |
| 2027年 | 同上 | すべての開示＋スコープ１，２排出量の合理的保証 | 同上 |
| 2028年以降 | 同上 | 同上 | 同上 |

出所：気候開示規則案に基づき筆者作成

・気候開示規則案の内容

　気候開示規則案は，規制当局であるSECが直接定めており，EUにおけるEFRAGや日本におけるSSBJのような民間の基準設定主体はない。なお，2023年12月末時点では最終版は公表されておらず，ここでは，その重要な点に絞って取り上げておく。

　まず，SECの気候開示規則案の最も特徴的な点は，財務諸表内の注記での開示も求めている点であろう。他の基準では基本的に財務諸表の外側での開示の

みが検討されているが，SECは財務諸表の外側での開示に加えて，財務諸表内の注記も求めているのである。具体的には，気候関連のリスクが財務諸表に与えた影響や，気候関連のリスクに対応するための支出のうち費用化された額や資産化された額などが総額の１％を超える場合には，財務諸表に注記することが求められ，当然に財務諸表監査の対象となってくる。

　次に特徴的な点は，TCFD提言の枠組みをモデルにしているものの，気候関連のリスクにより焦点を当てており，機会に関する開示は任意とされている点である。また，産業別の開示要求がない点も大きな特徴といえるであろう。さらに，スコープ３排出量の開示については，重要性がある場合または企業のGHG削減目標に含まれている場合には開示が求められるとされている。

　最後に，SECは気候に関する開示規則案を公表したが，サステナビリティ全般に関するIFRS S1号やESRS 1，ESRS 2のような開示要求の定めは設けておらず，個別テーマごとの規則として，2020年に最終化された規則S-Kに基づく人的資本に関する開示や，2023年７月に最終化された規則S-K等に基づくサイバーセキュリティに関する開示などがサステナビリティに関連するものとして挙げられる。

### ・第三者保証

　上述したとおり，気候開示規則案においては財務諸表注記も求められるため，当該注記は財務諸表監査の対象となる。また，規則S-Kに基づく開示については，そのすべてが第三者保証の対象になるわけではなく，GHG排出量のうち，スコープ１とスコープ２の排出量のみが第三者保証の対象とされている。

　また，適用すべき保証基準は特定されていないものの，適切なデュー・プロセスを経て開発される必要があり，例としてPCAOB，AICPA，IAASBが開発した基準が挙げられているが，これらに限定されるわけではない。第三者保証の実施者は，SECが求める独立性のルールを遵守する必要があり，財務諸表監査の監査人に求められるものと同水準の独立性ルールが要求される可能性がある点には留意が必要である。

### ③ カリフォルニア州の気候関連法

　カリフォルニア州知事が2023年10月 7 日に気候関連の法案に署名した。成立した法案は，SB-253：企業気候データ説明責任法，SB-261：温室効果ガス－気候関連財務リスク，およびAB-1305：自主的炭素市場開示，の 3 つである。

　これらの新法は，SECの気候開示規則案と類似した，TCFD提言をベースとした気候関連リスクの開示を要求しているが，SECとの大きな相違は適用対象企業の多さである。SECの気候開示規則案は公開企業に対する規制であるのに対し，カリフォルニア州の新法は非公開企業であっても一定の要件を満たす場合には適用対象企業となる。具体的には，米国の法律に基づいて設立された法人等で，カリフォルニア州で事業を行う場合には，年間売上高が10億ドルを超えるとSB-253が，年間売上高が 5 億ドルを超えるとSB-261が，それぞれ適用となる。また，カリフォルニア州で自主的なカーボンオフセット（VCO）の販売や購入を行う一定の企業はAB-1305が適用となる。したがって，米国に設立された日系の100％子会社が適用対象となる可能性がある。

　SB-253は，2025年以降のGHG排出量のうち，スコープ 1 およびスコープ 2 の開示と第三者による限定的保証を義務付けており，2026年以降はスコープ 3 の開示も義務付けられる。また，第三者保証は将来的に合理的保証へと保証水準が引き上げられる可能性がある。また，SB-261は，気候関連の財務リスクについて，TCFD提言に基づく開示を義務付けているが，IFRSサステナビリティ開示基準に基づく開示で代替することが可能である。そして，AB-1305ではVCOに関する詳細な開示が義務付けられている。

## （3）　その他の国・地域

　IFRS S1号およびIFRS S2号が公表されたことを受けて，多くの国・地域で，サステナビリティ報告および保証の制度化に向けた議論が開始されている。2023年12月末時点では英国，オーストラリア，シンガポール，香港，ブラジルなどでの検討が進行中である。

　こうした動きは，IFRS S1号およびIFRS S2号をベースラインとする各法域の開示基準が開発されるケースと，IFRS S1号およびIFRS S2号がそのままア

ドプションされるケースの2つにおおむね分類されてくる。前者はいわゆるビルディング・ブロック・アプローチと呼ばれるものである。ただし，こうした動きの中で，一部を実質的にカーブアウトするような動きも法域によっては出てきており，今後の各法域でのサステナビリティ開示の制度化の動きには注意が必要といえるだろう。

　また，基準の適用対象企業の範囲も各法域で独自の動きになる可能性が高く，上場企業を対象とする場合もあれば，非上場企業でも一定規模以上であれば対象にするケースも出てくる見込みであり，その場合には，EUのCSRDのように，日本企業の100％子会社も開示規制の対象となる可能性がある。

　そして，第三者保証の対象についても各法域で大きく異なる可能性がある。EUと米国を比較しただけでも，EUがESRSに基づく開示すべてを第三者保証の対象としているのに対して，米国では気候開示のうちのスコープ1およびスコープ2のGHG排出量だけが対象となっており，大きな違いがあるが，今後規制を導入する他の法域でも各国・地域の状況に応じた判断が行われる可能性があるため，注視する必要がある。

## 第3節 ┃ その他の関連基準・フレームワークの概要

　本節では，IFRSサステナビリティ開示基準を導入する上で有用となると考えられる，その他の関連基準・フレームワークの概要について紹介する。

## （1） TCFD

### ① TCFDの概要

　TCFDとは，G20の要請を受けて，金融安定理事会（以下「FSB」という）により，気候関連の情報開示および金融機関の対応を検討するために設立された「気候関連財務情報開示タスクフォース（Task Force Climate-related Financial Disclosures）」である。

　GHGによる地球の温暖化は，世界の経済に深刻なリスクを及ぼすことが広く認識されている。しかし，金融市場において，組織に対する気候変動の潜在

的影響や低炭素経済への移行が企業の事業活動に及ぼす財務的影響などの情報が不十分である状況が重大な金融混乱等を引き起こす可能性があり，2015年4月，G20財務相および中央銀行総裁らは，FSBに対して，金融セクターが気候関連問題をどのように考慮することができるかについてのレビューを求めた。G20からの要請を受けたFSBは，投資家，貸付業者，保険会社（以下「投資家等」という）が必要とする気候関連情報を明らかにすることを目的として，同年12月にTCFDを設立したのである。

　TCFDは，大手銀行，保険会社，資産管理会社，年金基金，大手非金融企業，会計・コンサルティング事務所，信用格付機関など，世界中の多様な組織からFSBによって選ばれたメンバーで構成され，投資家等が重要な気候関連リスクを理解するために役立つ一貫性のある気候関連財務情報開示方法の開発を行うこととし，設立から18か月後の2017年6月，気候関連財務情報開示を行う企業を支援するための「気候関連財務情報開示タスクフォースの提言」（以下「TCFD提言」という）を公表すると同時に，TCFD提言の実施に向けた解説として「気候関連財務情報開示タスクフォースの提言の実施」（以下「2017年付属書」という）を公表した。さらに，2021年10月には2017年付属書の一部を修正するとともに，TCFD提言を補足するものとして「指標，目標，移行計画に関するガイダンス」を公表している。

　また，TCFDでは，企業による気候関連情報開示の取組状況の調査を行い，TCFD提言に基づく開示の進展と事例について，2018年以降毎年，「TCFDステータスレポート」を発行している。

## ②　TCFD提言の特徴

　TCFDの重要な目標は，気候関連のリスクおよび機会が組織にもたらす財務的影響についての開示情報を向上させることにあり，全体像は**図表３−３−１**に示すとおりである。

図表3－3－1　気候関連リスクと機会が与える財務影響の全体像

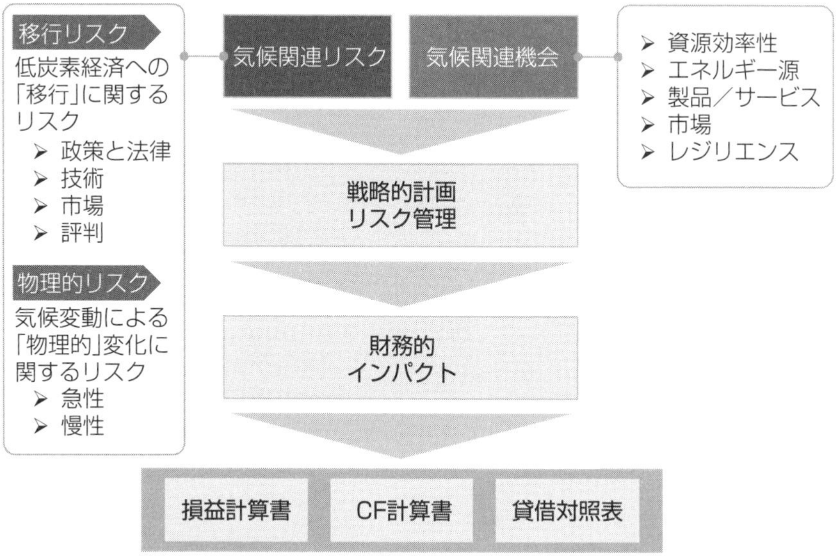

出所：TCFD最終報告書　気候関連財務情報開示タスクフォースの提言（2017年6月）Figure 1をもとに筆者作成

　TCFD提言においては，気候関連のリスクを低炭素経済への移行に関連したリスク（移行リスク）と気候変動の物理的影響に関連したリスク（物理的リスク）の2つに分類し，その例示を示している（**図表3－3－2**）。

図表3－3－2　気候関連リスクの例示

| 分類 | | リスク項目 |
|---|---|---|
| 移行リ | 政策・法規制リスク | GHG排出価格の上昇 |
| | | GHG排出量の報告義務の強化 |
| | | 既存の製品およびサービスへの義務・規制化 |
| | | 訴訟の増加 |
| | 技術リスク | 既存の製品やサービスの低炭素オプションへの置換え |
| | | 新技術への投資の失敗 |
| | | 低排出技術に移行するためのコスト |

| | | |
|---|---|---|
| ス<br>ク | 市場リスク | 顧客行動の変化 |
| | | 市場シグナルの不確実性 |
| | | 原材料コストの上昇 |
| | 評判リスク | 消費者の嗜好の変化 |
| | | 業界への非難 |
| | | ステークホルダーの懸念の増大，ステークホルダーの否定的なフィードバック等 |
| 物理的リスク | 急性リスク | サイクロンや洪水などの極端な異常気象の深刻化・増加等 |
| | 慢性リスク | 降雨・気象パターンの極端な変化等 |
| | | 平均気温の上昇 |
| | | 海面上昇 |

出所：TCFD最終報告書　気候関連財務情報開示タスクフォースの提言（2017年6月）Table1をもとに筆者作成

　また，気候関連の機会についても，TCFD提言において例示が示されており，気候関連リスクの例示と合わせて，組織が気候関連問題とその影響を識別するために活用されることが想定されている（**図表3－3－3**）。

### 図表3－3－3　気候関連機会の例示

| 機会項目 | |
|---|---|
| 資源の効率性 | 輸送手段の効率化 |
| | 生産・流通プロセスの効率化 |
| | リサイクル（再生利用）の活用 |
| | 高効率ビルへの移行 |
| | 水利用・消費の削減 |
| エネルギー源 | 低炭素エネルギー源の利用 |
| | 政策的インセンティブの利用 |
| | 新技術の利用 |
| | カーボン市場への参画 |

| | 分散型エネルギーへのシフト |
|---|---|
| 製品およびサービス | 低炭素商品・サービスの開発，拡大 |
| | 気候への適応対策・保険リスク対応の開発 |
| | 研究開発・イノベーションによる新製品・サービス開発 |
| | ビジネス活動の多様性，消費者嗜好の変化 |
| 市場 | 新規市場へのアクセス |
| | 公共セクターによるインセンティブの活用 |
| | 保険保証を新たに必要とする地域等へのアクセス |
| レジリエンス（強靭性） | 再生可能エネルギープログラム，省エネ対策の採用 |
| | 資源の代替・多様化 |

出所：TCFD最終報告書　気候関連財務情報開示タスクフォースの提言（2017年6月）Table2をもとに筆者作成

## ③　中核的要素／4つの提言

　組織に対する気候関連の財務的影響は，具体的な気候関連リスクおよび機会を識別・管理し，リスク管理および機会を獲得するための戦略決定によって識別すると考えられる。TCFDの重要な目標を達成するため，TCFD提言は，組織運営における中核的要素である「ガバナンス」，「戦略」，「リスク管理」，「指標と目標」という4つの提言（テーマ）を中心に組み立てられており，これら4つの提言は，組織が気候関連のリスクと機会をどのように評価し，対処しているかについて，投資家やその他の人々の理解を助けることを目的とする11の推奨される開示内容によって支えられている（**図表3－3－4**）。

　TCFD提言における4つの提言は，広く適用可能で包括的なものであり，組織による気候関連リスクおよび機会の考え方や評価方法について，投資家等が理解するために役立つ情報を備えたフレームワークの基礎となるものである。さらに，気候変動という特定のトピックに限らず，サステナビリティ情報の開示フレームワークの基礎にもなっており，わが国の企業内容等の開示に関する内閣府令によって求められる有価証券報告書における「サステナビリティに関する考え方及び取組」の記載や，2023年6月に公表されたISSBによる国際サ

| 図表 3 － 3 － 4 | TCFD提言の 4 つのテーマと11の推奨開示項目 |

| | 中核的要素 | | | |
|---|---|---|---|---|
| | 🏛 ガバナンス | 🏛 戦略 | 📈 リスク管理 | ◎ 指標と目標 |
| 提言 | 気候関連のリスクおよび機会に係る組織のガバナンスを開示する | 気候関連のリスクおよび機会がもたらす組織のビジネス・戦略・財務計画への実際の影響および潜在的な影響を，そのような情報が重要な場合は，開示する | 気候関連リスクについて，組織がどのように識別・評価・管理しているかについて開示する | 気候関連のリスクおよび機会を評価・管理する際に使用する指標と目標を，そのような情報が重要な場合は，開示する |
| 推奨される開示内容 | a) 気候関連のリスクおよび機会についての，取締役会による監視体制を説明する<br>b) 気候関連のリスクおよび機会を評価・管理する上での経営者の役割を説明する | a) 組織が識別した，短期・中期・長期の気候関連のリスクおよび機会を説明する<br>b) 気候関連のリスクおよび機会が組織のビジネス・戦略・財務計画に及ぼす影響を説明する<br>c) 2 ℃以下シナリオ分析を含む，様々な気候関連シナリオに基づく検討を踏まえて，組織の戦略のレジリエンスについて説明する | a) 組織が気候関連リスクを識別・評価するプロセスを説明する<br>b) 組織が気候関連リスクを管理するプロセスを説明する<br>c) 組織が，気候関連リスクを識別・評価・管理するプロセスが組織の総合的リスク管理にどのように統合されているかについて説明する | a) 組織が，自らの戦略とリスク管理プロセスに即して，気候関連のリスクおよび機会を評価する際に用いる指標を開示する<br>b) スコープ1，スコープ 2 および当てはまる場合はスコープ 3 の温室効果 ガス(GHG)排出量と，その関連リスクについて開示する<br>c) 組織が気候関連リスクおよび機会を管理するために用いる目標，および目標に対する実績について説明する |

出所：TCFD最終報告書　気候関連財務情報開示タスクフォースの提言（2017年 6 月）Figure 4をもとに筆者作成

ステナビリティ開示基準においても，「ガバナンス」，「戦略」，「リスク管理」，「指標および目標」の 4 つの柱が採用されており，サステナビリティ情報の開示フレームワークの基礎となっているといえる。

④　シナリオ分析

　TCFD提言においては，気候関連シナリオに基づく検討を踏まえた組織の戦

略のレジリエンスについて説明を推奨している（図表3－3－4の戦略 c ）。これは，気候関連リスクおよび機会の潜在的なビジネスへの影響を評価し，組織の戦略のレジリエンス（強靭さ）を説明するにあたって，シナリオ分析の活用を推奨しているものであり，このシナリオ分析の活用がTCFD提言の特徴の1つである。

　TCFD提言において，シナリオ分析とは，不確実な状態における実現性の高い様々な状況についての潜在的意味合いを評価するプロセスであるといわれている。実現性の高い様々な状況に対してより柔軟な，あるいは堅牢な戦略的計画を立てるために確立された手法である。

　気候関連問題に対して，組織が移行リスクや物理的リスクに対してどれほど脆弱であるか，その脆弱性に対してどのように対処し，対処していこうと考えているのかといった情報は，投資家を含むステークホルダーにとって，組織を理解するために重要である。組織がこのような情報を開示するために，シナリオ分析が有用と考えられている。

　シナリオの主なタイプとしては，「探索的シナリオ（Exploratory Scenarios）」と「規範的シナリオ（Normative Scenarios）」の2つがある（**図表3－3－5**）。「探索的シナリオ」は，将来起こりうる様々な未来を示したものであり，「規範的シナリオ」は，望ましいまたは期待される未来を示すものである。

**図表3－3－5**　探索的シナリオと規範的シナリオ

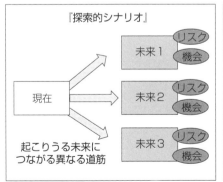
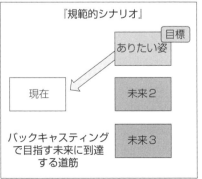

出所：「Guidance on Scenario Analysis for Non-Financial Companies」Table C1，Figure C1をもとに筆者作成

　TCFD提言の「戦略」において推奨されているシナリオ分析においては，「探索的シナリオ」を使用する。複数のシナリオを用いることで幅広い将来の状況に対する気候関連の潜在的なリスクと不確実性を評価し，長期的で不確実性の高い課題に対する戦略的計画を策定する情報を得ることが期待される。このとき，シナリオは仮想的なモデルであり，将来の予測を提供するものではないことに留意が必要である。なお，「規範的シナリオ」は，気候関連の潜在的なリスクと不確実性の評価としてのシナリオ分析に用いられることはないが，2050年カーボンニュートラルといった特定の目標と実施計画の設定および評価などには用いられることがある。

　気候変動に関わるリスクについては，すでに顕在化しているものもあるが，多くの組織にとって，気候変動による最も重要な影響は中長期的に現れてくる場合が多く，その発生時期や規模は不確実なものである。このような不確実性の高い気候関連リスクについて，シナリオ分析を利用することで，組織は，気候変動により生じうるビジネス・戦略・財務への影響の様々な可能性を検討することができ，より堅牢な戦略を策定できる可能性がある。

　このように，シナリオ分析は気候関連リスクおよび機会の潜在的なビジネスへの影響を評価する有益なツールである。一方で，その前提条件や関連データの入手困難性などの課題もある。このため，特に気候関連問題の影響をより大きく受ける組織は，シナリオ分析の前提条件やプロセスを合わせて開示することで，利用者の理解を促進することが重要となる。

## ⑤　TCFDの動向

　TCFDの設立母体であるFSBが2021年7月に公表した「気候関連金融リスクに対処するためのFSBロードマップ」（FSB Roadmap for Addressing Climate-Related Financial Risks）においては，ISSBによって開発される国際的な基準がTCFD提言などをベースとして作成され，TCFD提言からISSBに重点を移すことが想定されていた（**図表3-3-6**）。

　また，2023年7月にFSBから公表された「気候変動に伴う金融リスクに対処するためのFSBロードマップ：2023年進捗報告書」においては，2018年以降，TCFDによって毎年実施されていた気候関連情報開示の進捗状況の監視とその

**図表3－3－6** FSBロードマップ

TCFD提言 → TCFD提言や既存の枠組みをベースとしたプロトタイプ基準 → ISSB基準 → IOSCOがエンドースした場合，各法域の規制枠組みと整合的な形でのISSB基準の適用 → グローバルに一貫した，比較可能で投資判断に有用な開示（GOAL）

ツール開発

国際的な基準開発

出所：「FSB Roadmap for Addressing Climate-Related Financial Risks」P11 Figure1をもとに筆者作成

　結果をまとめた「TCFDステータスレポート」の公表は2023年を最後にし，その役割をISSBへと移行するとともに，TCFDは解散する見込みとされた。

　これまで気候変動開示のフレームワークとしてTCFD提言を活用していた組織の多くは，公表されたISSB基準（IFRS S2号）や現在日本で開発されているSSBJによる気候関連開示基準（日本版S2基準）の導入により，これらの基準に準拠した開示へと移行すると想定される。しかしながら，ISSBやSSBJなどの基準がTCFD提言を反映して開発されていることに鑑みると，組織が気候関連開示に取り組むにあたっては，ISSBやSSBJといった基準はもちろんのこと，それ以外に，TCFDから発行されているガイダンスや，わが国において各省庁や各種団体がTCFD提言に関して公表しているガイダンス等が，引き続き，実務上の有用なガイダンスになると考えられる。主なガイダンス等の例は，**図表3－3－7**にて記載している。

**図表 3 － 3 － 7　TCFD提言に関連するガイダンス等（一部）**

| 資　料　名 | 発行元／発行年 |
|---|---|
| **TCFDサポートガイダンス** | |
| Guidance on Scenario Analysis for Non-Financial Companies（シナリオ分析ガイダンス） | TCFD 2020年10月 |
| Guidance on Risk Management Integration and Disclosure（リスク管理と開示のガイダンス） | TCFD 2020年10月 |
| The Use of Scenario Analysis in Disclosure of Climate-Related Risks and Opportunities（気候関連リスクと機会の開示におけるシナリオ分析の活用） | TCFD 2020年10月 |
| **その他（業種共通）** | |
| TCFDを活用した経営戦略立案のススメ～気候関連リスク・機会を織り込むシナリオ分析実践ガイド 2022年度版～ | 環境省 2023年 3 月 |
| TCFD提言における物理的リスク評価の手引き | 国土交通省 2023年 3 月 |
| 気候関連財務情報開示に関するガイダンス3.0（TCFDガイダンス3.0） | TCFDコンソーシアム 2022年10月 |
| **その他（業界別）** | |
| TCFD提言に沿った気候変動リスク・機会のシナリオ分析実践ガイド（銀行セクター向け）ver.2.0 | 環境省 2022年 3 月 |
| 地域金融機関におけるTCFD開示の手引き～令和 4 年度TCFD開示に係る地域金融機関向け研修プログラム概要～ | 環境省 2023年 3 月 |
| 気候関連リスクに係る共通シナリオに基づくシナリオ分析の試行的取組について | 金融庁・日本銀行 2022年 8 月 |
| 不動産分野における「気候関連財務情報開示タスクフォースの提言」対応のためのガイダンス（不動産分野TCFD対応ガイダンス） | 国土交通省 2021年 3 月 |
| 食料・農林水産業の気候関連リスク・機会に関する情報開示（入門編）【第 2 版】 | 農林水産省 2022年 6 月改訂 |
| 食料・農林水産業の気候関連リスク・機会に関する情報開示（実践編） | 農林水産省 2022年 6 月 |

| フードサプライチェーンにおける脱炭素化の実践・見える化（情報開示）に関する資料 | 農林水産省 2022年6月 |

出所：各発行元のホームページをもとに筆者作成

# （2）　GHGプロトコル

## ①　GHGプロトコルの概要

　Greenhouse Gas Protocol（以下「GHGプロトコル」という）は，国際的に認められたGHG排出量の算定と報告の基準を開発し，算定と報告の基準の促進を図ることを目的に活動するイニシアティブである。米国に本部を置くNGOのWRI（World Resources Institute）と，200社以上のグローバル企業が参画するWBCSD（World Business Council for Sustainable Development）によって1998年に設立され，各国政府，業界団体，NGO，企業，その他の組織と協力して活動を行っている。なお，GHG（Greenhouse gas）とは，大気中の熱を吸収する性質を持ち，地球温暖化を促進するとされる物質の総称であり，温室効果ガスのことである。

　GHGプロトコルは，国際的なGHG排出量の算定と報告の基準（Standards）や，基準を適用する際のガイダンス（Guidance），GHG排出量の計算ツール（Calculation tools）をウェブサイトに公表しており，世界中の多くの企業や組織が，GHGプロトコルが公表した基準やガイダンスに基づき，GHG排出量の算定と開示を行っている。GHGプロトコルが公表した基準とガイダンスの文書を指して，GHGプロトコルと呼ぶことが多い。

　GHGプロトコルのうち，企業がGHG排出量の算定と開示を行う際に用いる主な基準とガイダンスを**図表3－3－8**に示す。このうち，企業の組織単位のGHG排出量の算定と報告の基準を定めた基準類が「A Corporate Accounting and Reporting Standard（2001年発行・2004年改訂）」（以下「コーポレート基準」という），「GHG Protocol Scope 2 Guidance（2015年発行）」（以下「スコープ2ガイダンス」という），「Corporate Value Chain（Scope3）Accounting and Reporting Standard（2011年発行）」（以下「スコープ3基準という」），

「Technical Guidance for Calculating Scope 3 Emissions（2015年発行）」（以下
「スコープ３算定技術ガイダンス」という）の４つの文書である。

**図表３－３－８** GHGプロトコルの主な基準とガイダンス

| 基準 |
| --- |
| A Corporate Accounting and Reporting Standard（コーポレート基準） |
| Corporate Value Chain (Scope 3) Accounting and Reporting Standard（スコープ３基準） |
| Product Life Cycle Accounting and Reporting Standard |
| The GHG Protocol for Project Accounting |
| **ガイダンス** |
| GHG Protocol Scope 2 Guidance（スコープ２ガイダンス） |
| Technical Guidance for Calculating Scope 3 Emissions（スコープ３算定技術ガイダンス） |
| GHG Protocol Agricultural Guidance |
| The Global GHG Accounting and Reporting Standard for the Financial Industry（PCAFが開発した金融セクター向けのガイダンス） |
| Land Sector and Removals Guidance（2024年公表予定） |

出所：Greenhouse Gas ProtocolウェブサイトのSTNDARDSとGUIDANCEをもとに筆者作成

　企業のサステナビリティ報告におけるGHG排出量の算定と報告の基準とし
てGHGプロトコルが採用されるケースが増えており，IFRS S2号では，規制当
局または上場取引所から別の方法による算定が要求されない限り，GHGプロ
トコルのコーポレート基準に従ったGHG排出量の算定が求められる。企業の
GHG削減目標がパリ協定に定める削減目標と整合していることを認定する
SBTi（Science Based Targets initiative）においても，コーポレート基準とス
コープ２ガイダンスおよびスコープ３基準に従い，GHG排出量の算定と削減
目標の設定を行うことを要求している。また，経済産業省と環境省が公表した
「国際的な気候変動イニシアティブへの対応に関するガイダンス（2021年３月

最終改定）」では，GHGプロトコルの各種基準類が「国際的なデファクトスタンダードになりつつある」（1ページ）との見解が示されている。

　多くのサステナビリティ報告基準に参照され，国際的なGHG排出量の算定と報告の基礎となりつつあるGHGプロトコルではあるが，コーポレート基準の改訂から約20年，スコープ3基準の発行から10年以上が経過し，その間にGHG排出量の算定と報告を取り巻く状況に多くの重要な変化があったことから，各基準とガイダンスの要求事項を見直す取組みが進められている。執筆時点では，見直しの対象は前述の4つの文書であり，2022年11月から2023年3月まで各文書の見直しに関する提案と意見の募集が行われた。その後，GHG Protocolが，募集した提案と意見に対する調査および分析を実施した上で，2024年に改訂文書の草案を公表し，2025年に最終化を行う予定である。

## ②　GHGプロトコルの基準とガイダンスの内容

　前出の4つの文書の位置付けと概要を説明する。まず，コーポレート基準は，企業がGHG排出量を算定し報告するための基礎的な方法論を定めている。次に，スコープ2ガイダンスは，コーポレート基準の要求事項を補足し更新するための文書と位置付けられており，CDPやSBTiなどの国際イニシアティブや前述の経済産業省と環境省のガイドラインにおいても事実上の基準として参照されている。ガイダンスと名付けられていながら基準としての役割を持つのがスコープ2ガイダンスの特徴であり，他のGHGプロトコルのガイダンスとは役割が異なる。最後に，スコープ3基準は，コーポレート基準では概念の説明や算定方法の紹介に留まっていたスコープ3について，算定と報告の基準を明確にした文書である。スコープ3算定技術ガイダンスは，スコープ3基準の文字どおりのガイダンスとして位置付けられている。スコープ3の各カテゴリーの算定手法やその選択方法，データ収集のソース，算定事例などの実践的な内容が掲載されており，実際にスコープ3排出量の算定を行う際に参照が必要なガイダンスである。

　次に，それぞれの文書の概要を説明する。

・コーポレート基準

〈7つの温室効果ガス〉

　コーポレート基準では，企業のバリュー・チェーン全体の気候関連リスクと機会を管理するために，事業活動に伴うGHG排出量をスコープ1，2，3（**図表3－3－9**を参照）の3つに分けて算定し，スコープ1，2の開示を必須として，スコープ別に排出量を報告することを要求している。報告対象のGHGは，京都議定書が定める7種類のガス，すなわち，二酸化炭素（$CO_2$），メタン（$CH_4$），亜酸化窒素（$N_2O$），ハイドロフルオロカーボン（HFCs），三フッ化窒素（$NF_3$），パーフルオロカーボン（PFCs），六フッ化硫黄（$SF_6$）とされている。なお，$CO_2$であってもバイオマス（木材等）やバイオ燃料などの生物的に固定化された炭素の燃焼等に伴う排出については，スコープ1，2の排出量とは別に報告する必要がある。

　7つのGHGは，それぞれの排出量（単位はtまたはkgなど）と，$CO_2$相当量に換算した数量（単位はt-$CO_2$eまたはkg-$CO_2$eなど）を開示することが求められる。GWP 100（100-year Global Warming Potential）と呼ばれる地球温暖化係数を用いて$CO_2$相当量を算出することが要求され，地球温暖化係数は入手可能な直近のIPCC報告を参照することが推奨されている。コーポレート基準の2004年版では，GHGは三フッ化窒素（$NF_3$）を除く6種類とされ，用いるべき地球温暖化係数が明確に示されていなかったが，2013年2月に公表された「Accounting and Reporting Standard Amendment」において，コーポレート基準やスコープ3基準などの文書を補足する形で改訂が加えられた。

**図表3－3－9**　スコープ1，2，3の区分と範囲

| 区分 | 範囲 |
|---|---|
| スコープ1：直接排出 | 企業が所有または管理している設備等からの直接的な排出。設備等における燃料の燃焼に加えて，製造のプロセスや設備等からの排出も含まれる。 |
| スコープ2：電力等の使用に伴う間接排出 | 企業が購入または調達し消費した電気，蒸気，温熱，冷熱の生産に伴う間接的な排出（電力事業者や熱供給事業者による排出）。 |

| スコープ3：その他の間接排出 | 企業の活動に関連するスコープ2以外のあらゆる間接的な排出。スコープ3基準に従い15のカテゴリーごとに対象活動を企業が定め，算定する。 |
|---|---|

出所：コーポレート基準をもとに筆者作成

### 〈5つの原則〉

　次に，コーポレート基準では，報告された排出量情報の利用者の意思決定に役立つよう，情報の「目的適合性（Relevance）」，「完全性（Completeness）」，「一貫性（Consistency）」，「透明性（Transparency）」，「正確性（Accuracy）」の原則に基づき，排出量の算定と報告を行うことを求めている。これらの原則に沿うよう，企業は算定対象とする組織境界（Organizational boundaries）を決定し，組織境界内の会社や事業を連結して，排出量を算定し報告することになる。組織境界を定める基準には，出資比率基準（Equity share approach）と支配力基準（Control approach）があり，さらに支配力基準は財務支配力（Financial Control）と経営支配力（Operational Control）に分けられる。企業はいずれか1つの基準を用いて組織境界を決定し，連結範囲を定める。親会社は，採用した連結基準を組織のすべてのレベルにおいて適用することが求められ，選択する基準に応じて企業の報告対象となる組織境界と排出量が変わることから，基準の選択が重要になる。

　組織境界を決定した後に，企業は組織境界内の事業活動と関連のある排出活動を特定し，図表3－3－9に示したスコープごとに排出活動を分類し，算定と報告の対象とする組織内の活動境界（Operational boundaries）を設定する。

　企業は，スコープ別の排出量に関する情報のほかに，選択した連結基準，設定した組織境界と活動境界の概要，報告対象期間を開示する必要があり，情報利用者に排出量情報だけでなく算定に用いた条件や仮定についての情報も提供することが求められる。

### ・スコープ2ガイダンス

　スコープ2ガイダンスでは，スコープ2，すなわち企業が他社から供給を受けて消費した電気，蒸気，温熱，冷熱の生産に伴う間接的なGHGの排出量を

算定し報告するための基準とガイダンスが定められている。購入または調達し消費した電力に由来するGHG排出量の算定方法として，ロケーション基準手法（Location-based method）とマーケット基準手法（Market-based method）の2つの方法が説明されている。

ロケーション基準手法とは，特定の地理的境界内において購入または調達し消費した電力に由来するGHG排出量を，地理的境界と特定の期間において平均化された排出係数を用いて，一律に算定する手法である。例えば，日本においては，国内全体を地理的境界と捉え，環境省と経済産業省が公表した報告年度における全国平均係数を用いて，国内に所在する拠点の電力由来のスコープ2排出量を算定する方法がロケーション基準手法の1つと考えられる。国や地域ごとに一律の排出係数を使って算定するため，企業が個別に再エネ電力や低炭素電力を調達している場合であっても，その効果はスコープ2排出量に反映されない。

対照的に，マーケット基準手法では，企業が個別の契約や証書等により担保された排出係数を用いて，購入または調達し消費した電力のGHG排出量を算定することが認められており，企業の主体的な取組みがスコープ2排出量に反映できる算定手法となっている。

ロケーションとマーケットそれぞれの基準手法について，排出係数を決定する際の優先順位と参考例が，スコープ2ガイダンスに示されており，企業の拠点等が所在する国や地域の電力市場の成熟度に応じて，利用可能で適切な排出係数を選択してスコープ2排出量を算定することが推奨されている。

マーケット基準手法で使用する排出係数の情報ソースとなる契約や証書は，電力当たりのGHG排出量（t-$CO_2$e/MWhなど）が伝えられていること，発電された電力に関して唯一の証書である（重複して証書が発行されていない）こと，電力が消費された期間となるべく近い時期に発行され償還されること，電力の消費地と同一の電力市場から調達されること，などのスコープ2品質基準（Scope 2 Quality Criteria）を満たすことが求められる。仮に，再エネ電力の契約や購入した証書が，スコープ2品質基準を満たしてしないことがわかった場合は，マーケット基準手法のうち優先順位の低い排出係数，例えば，電力供給事業者の残余ミックス係数などを用いる必要がある。

　企業は，ロケーション基準手法でしかスコープ2排出量を算定できない場合を除き，2つの手法で算定した結果を開示しなければならない。仮に，一部の地域や事業においてマーケット基準手法による算定ができない場合はロケーション基準手法を用いて代替することが認められており，その割合を開示することが推奨されている。また，削減目標の基準となるスコープ2排出量の算定手法についても開示が求められ，削減目標がロケーション基準とマーケット基準のいずれに基づき評価されるのか明確にする必要がある。

### ・スコープ3基準とスコープ3算定技術ガイダンス
〈算定の目標〉

　スコープ3排出量の算定対象は企業のバリュー・チェーン全体に及ぶため，カテゴリーごとの活動境界の設定と算定方法の選定が重要である。スコープ3基準では，はじめにスコープ3算定の目標を定めることを推奨している。例えば，自社のバリュー・チェーンにおけるGHG関連のリスクと機会を洗い出すことやスコープ3排出量を開示することで利害関係者への説明責任を果たすことを算定の目標とするならば，全体の「正確性」を犠牲にして，「完全性」と「透明性」を重視した算定を行うことも考えられる。各カテゴリーの排出活動を取引金額等から把握し，公表されている原単位データベースを用いてスコープ3排出量を算定する場合などがそれである。

　一方で，スコープ3排出量の削減を費用削減や事業拡大の機会と捉え，サプライヤーと特定のカテゴリーや活動の排出量削減に向けた取組みを行う場合，当該カテゴリーや活動に由来する排出量の「正確性」を追求するには，全体の「完全性」を犠牲にする必要があるかもしれない。スコープ3の算定においては，算定の目標によって，5つの原則のトレード・オフをバランスさせる必要がある。

　算定の目標を定めた後に，スコープ3の組織境界を設定する。組織境界の設定には，スコープ1，2と整合した連結アプローチを用いるべきであるが，スコープ1，2では組織境界の外とした賃借／賃貸資産やフランチャイズ事業，投資活動などが，スコープ3では境界に含まれる可能性があるため，注意が必要である。活動境界の設定については，スコープ3基準のTable［5.4］に最小

162

境界（Minimum boundary）として示された活動を参照し，算定の目標と5つの原則を考慮して，カテゴリーごとに算定対象とする活動境界を定める。最小境界はカテゴリーによって任意（Optional）とされる排出活動があり，任意項目は算定に含めることができる。一方で，任意でない項目を算定から除外する場合は，除外内容を開示し，除外した理由を正当化することが求められる。

**図表3－3－10** **スコープ1，2とスコープ3の15カテゴリー**

| バリュー・チェーン | スコープ1，2またはスコープ3のカテゴリー | |
|---|---|---|
| 上流のバリュー・チェーン：購入または調達した製品とサービスに関連するGHGの間接排出 | カテゴリー1 | 購入した製品・サービス |
| | カテゴリー2 | 資本財 |
| | カテゴリー3 | スコープ1，2に含まれない燃料とエネルギーに関連する活動 |
| | カテゴリー4 | 上流の輸送と配送 |
| | カテゴリー5 | 事業から発生する廃棄物 |
| | カテゴリー6 | 出張 |
| | カテゴリー7 | 雇用者の通勤 |
| | カテゴリー8 | 上流側の賃借資産 |
| | スコープ2 | 電気，蒸気，温熱，冷熱の使用 |
| 自社の事業 | スコープ1 | 化石燃料等の使用，プロセス排出 |
| 下流のバリュー・チェーン：販売（配布を含む）した製品とサービスに関連するGHGの間接排出 | カテゴリー9 | 下流の輸送と配送 |
| | カテゴリー10 | 販売した製品の加工 |
| | カテゴリー11 | 販売した製品の使用 |
| | カテゴリー12 | 販売した製品の廃棄 |
| | カテゴリー13 | 下流側の賃貸資産 |
| | カテゴリー14 | フランチャイズ |
| | カテゴリー15 | 投資 |

出所：コーポレート基準とスコープ3基準をもとに筆者作成

## 〈算定方法とデータ品質〉

　スコープ３排出量の算定方法は，スコープ３算定技術ガイダンスに詳細が記されている。スコープ３では，多くのカテゴリーで複数の算定方法が提示されており，各カテゴリーおよびカテゴリー内の様々な排出活動に対して，複数の算定手法を組み合わせて使用することが認められている。排出活動に由来する排出量の相対的な大きさ，算定の目標，データの利用可能性や品質，コストと労力，その他企業が定める基準を考慮して，企業は自ら各カテゴリーの算定手法を決定する必要がある。

　排出量の算定方法は，直接測定と計算の２つに分けられるが，スコープ３では直接測定を用いることは稀であり，実際は，活動量と排出係数の２つのデータから計算する場合が多い。活動量とは，排出活動を定量化した数値であり，燃料の消費量（L）や購入資材の重量（kg）などが該当する。排出係数とは，活動量を温室効果ガス排出量に換算するための係数であり，燃料１リットル当たりの$CO_2$排出量（$kgCO_2/L$）や購入材料１キログラム当たりのGHG排出量（$kgCO_2e/kg$）などがある。計算に用いるデータは，その性質により１次データと２次データに分けられる。１次データは，企業のバリュー・チェーンに固有の活動から得たデータである。２次データは，固有活動に由来しないデータ，すなわち，公表されたデータベースや統計に基づく業界平均データ，財務データ，固有活動を見積るための代替データなどである。１次データのほうが対象活動に対する固有性は高いが，２次データに比べて正確性が高いかはデータ収集やその検証の方法に依存する。

　カテゴリー１を例に，算定方法とデータ品質の関係を**図表３－３－11**にまとめた。

　カテゴリー１では，以下の算定方法が示されている。

・サプライヤーに固有の１次データから排出量を算定する「サプライヤー固有手法」
・公表された排出原単位データベースなどの２次データからの排出量を算定する「平均データ手法」
・２次データのうち経済価値（金額）に換算された原単位を用いる「消費者ベース手法」

164

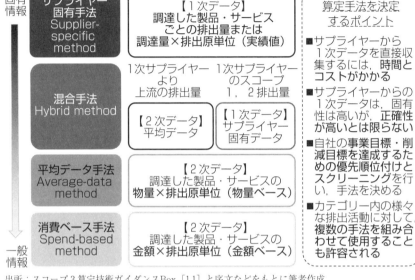

図表3－3－11　カテゴリー1の算定方法とデータ品質の関係

出所：スコープ3算定技術ガイダンスBox［1.1］と序文などをもとに筆者作成

　・サプライチェーンに応じてサプライヤー固有手法と平均データ手法を組み
　　合わせて算定する「混合手法」
　企業は，製品・サービスの種類ごとに異なる手法を用いることが認められて
おり，算定の目標や，各製品・サービスの総排出量に対する重要性，データの
入手可能性などから最も適切な算定手法を決定することになる。
　スコープ3算定技術ガイダンスでは，固有度の低いデータを用いて，15カテ
ゴリーそれぞれの規模を把握した上で，固有度の高いデータを使って算定すべ
きカテゴリーや排出活動を特定することを推奨している。排出量の多いカテゴ
リーや企業の目標と最も関連するカテゴリー，削減の機会が大きいカテゴリー
などを特定した上で，データ収集の優先順位を決定することが望まれる。その
上で，排出量が多い活動からデータ収集の方法を改善し，データ品質を向上さ
せる継続的な改善の取組みも推奨されている。

〈開示の方法〉

　最後に，スコープ 3 排出量の開示方法について紹介する。スコープ 3 はカテ
ゴリーごとの活動境界や算定方法の設定の大部分を，算定を行う企業の判断に
委ねており，算定手法の選択肢も多い。このため，報告においては，カテゴ
リー別の排出量情報（該当しないカテゴリーにはその旨）に付随して，**図表 3
－ 3 － 12**などの算定の基礎となる情報を開示する必要がある。スコープ 3 にお
いては，算定対象の活動リストや算定方法，算定に用いた仮定などを開示する
ことで，透明性の原則に基づき，報告時点における算定の限界を説明すること
が企業に求められる。

**図表 3 － 3 － 12**　　スコープ 3 開示に必要な情報

| |
|---|
| 排出量の算定に含まれるスコープ 3 カテゴリーと活動のリスト |
| 除外を正当化して，排出量の算定から除外されたスコープ 3 カテゴリーまたは活動のリスト |
| カテゴリーごとに以下の説明<br>・活動量を含むデータの種類やソース<br>・算定に用いた排出係数と地球温暖化係数<br>・報告された排出量のデータ品質 |
| カテゴリーごとに，算定方法，配分方法，算定に用いた仮定の説明 |
| カテゴリーごとに，サプライヤーまたは他のバリュー・チェーン・パートナーから入手したデータで排出量を算定した割合 |
| 基準年が設定された場合は以下の情報<br>・スコープ 3 の基準年とその設定の根拠<br>・基準年排出量の再計算方針<br>・カテゴリーごとの基準年排出量（再計算方針に沿った）<br>・基準年排出量の再計算のトリガーとなる重要な排出量の変化についての適切な状況 |
| カテゴリーごとの生物起源$CO_2$排出量 |

出所：スコープ 3 基準の11.1 Required informationをもとに筆者作成

# （3） GRIスタンダード

## ① GRIスタンダードの概要

### ・設定主体

　GRI（Global Reporting Initiative）は，1997年に設立された独立した国際組織である。オランダのアムステルダムに本部を置き，世界中の組織やステークホルダーをサポートするため7つの地域事務所のネットワークを有している。GRIは，組織が経済・環境・人々に与える影響（インパクト）を伝えるためのグローバルな共通言語を提供することで，組織に対してその影響（インパクト）に責任を持つことを支援している。

### ・GRIスタンダードの目的

　サステナビリティ報告基準としてGRIスタンダードを利用することで，組織は自らが経済，環境，ならびに人権を含む人々に与える最も著しい影響（インパクト）とそれをどうマネジメントしているかについて開示することができる。それによって，組織が持続可能な発展にどう貢献し，あるいはどのように貢献することを目指しているかについての透明性を確保することができる。

### ・利用者

　GRIスタンダードは，組織の規模，種類，所在地，報告経験の有無を問わず，あらゆる組織が，経済，環境，ならびに人権を含む人々に与える影響（インパクト）に関する情報を報告するために利用できる。そして，ステークホルダーなどの情報利用者は，組織に期待される報告内容を理解するためにGRIスタンダードを利用でき，特に投資家は，組織が持続可能な発展が可能かどうかについて評価をすることができる。

### ・GRIスタンダードの体系

　GRIスタンダードは，**図表3－3－13**に示しているように，3つの大別されるスタンダードのセット構造となっている。

**図表 3 - 3 - 13**　GRIスタンダードのセット構造

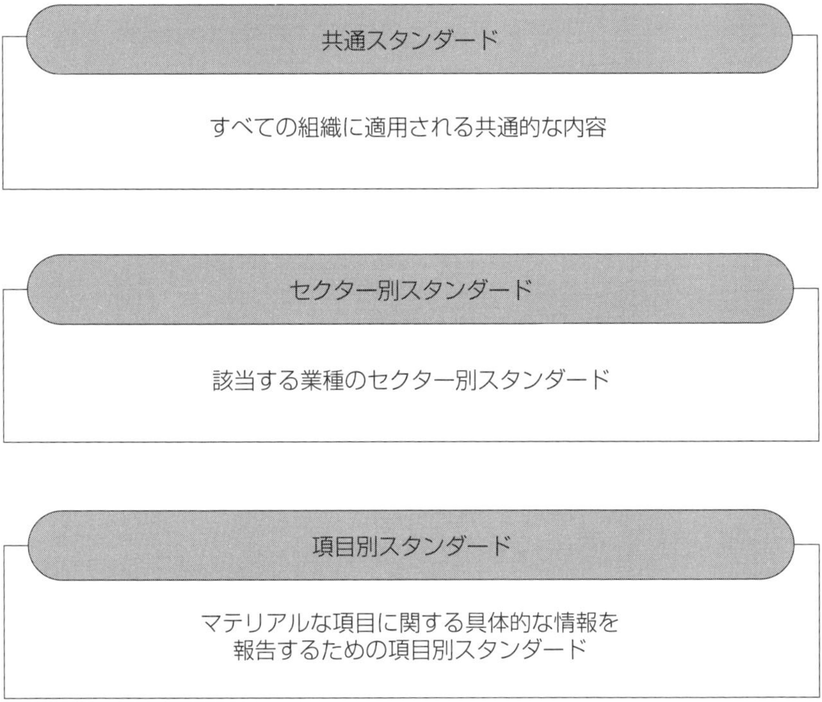

共通スタンダード

すべての組織に適用される共通的な内容

セクター別スタンダード

該当する業種のセクター別スタンダード

項目別スタンダード

マテリアルな項目に関する具体的な情報を
報告するための項目別スタンダード

出所：GRIスタンダード「GRI 1: 基礎2021」をもとに筆者作成

　「GRI共通スタンダード」とは，すべての組織に適用される共通的な内容に
なっており，「GRI 1：基礎 2021」，「GRI 2：一般開示事項 2021」「GRI 3：マ
テリアルな項目 2021」という 3 つの基準から構成される。「GRIセクター別ス
タンダード」は個別のセクターに適用される基準であり，特定の業種に関する
基準から構成される。さらに，「GRI項目別スタンダード」は，経済・環境・
社会に関する具体的な情報を報告するための基準が用意されている。これら 3
つのスタンダードを併用して組織にとってのマテリアルな項目（経済，環境，
社会）を決定することにより，組織は持続可能な発展を実現することができる。
マテリアルな項目について，GRIではいわゆるダブル・マテリアリティの考え
方に立っており，組織が，経済・環境・社会に及ぼす影響（インパクト）の重
要性に基づいてサステナビリティ報告を行うとしている。

現在公表されているGRIスタンダードの詳細な内容は，**図表3－3－14**に示しているとおりである。

**図表3－3－14** 現在公表されているGRIスタンダード

| GRIスタンダード |
| --- |
| GRI共通スタンダード |
| GRI 1：基礎 2021 |
| GRI 2：一般開示事項 2021 |
| GRI 3：マテリアルな項目 2021 |
| GRIセクター別スタンダード |
| GRI 11：石油・ガス 2021 |
| GRI 12：石炭 2022 |
| GRI 13：農業・水産養殖・漁業 2022<br>（2023年8月時点で日本語版未公表） |
| GRI項目別スタンダード |
| GRI 201：経済パフォーマンス 2016 |
| GRI 202：地域経済でのプレゼンス 2016 |
| GRI 203：間接的な経済的インパクト 2016 |
| GRI 204：調達慣行 2016 |
| GRI 205：腐敗防止 2016 |
| GRI 206：反競争的行為 2016 |
| GRI 207：税金 2019 |
| GRI 301：原材料 2016 |
| GRI 302：エネルギー 2016 |
| GRI 303：水と廃水 2018 |
| GRI 304：生物多様性 2016 |
| GRI 305：大気への排出 2016 |
| GRI 306：廃棄物 2020 |
| GRI 308：サプライヤーの環境面のアセスメント 2016 |

| |
|---|
| GRI 401：雇用 2016 |
| GRI 402：労使関係 2016 |
| GRI 403：労働安全衛生 2018 |
| GRI 404：研修と教育 2016 |
| GRI 405：ダイバーシティと機会均等 2016 |
| GRI 406：非差別 2016 |
| GRI 407：結社の自由と団体交渉 2016 |
| GRI 408：児童労働 2016 |
| GRI 409：強制労働 2016 |
| GRI 410：保安慣行 2016 |
| GRI 411：先住民族の権利 2016 |
| GRI 413：地域コミュニティ 2016 |
| GRI 414：サプライヤーの社会面のアセスメント 2016 |
| GRI 415：公共政策 2016 |
| GRI 416：顧客の安全衛生 2016 |
| GRI 417：マーケティングとラベリング 2016 |
| GRI 418：顧客プライバシー 2016 |

出所：GRI公式ホームページをもとに筆者作成

## ・項目別スタンダードの内容

　項目別スタンダードはその付番によって，200（経済項目），300（環境項目），400（社会項目）という3シリーズ構成となっている。

### 〈GRI 200（経済項目）〉

　200番台では，「異なるステークホルダー間の資本の流れ，および組織が社会全体に与える主な経済的インパクト」が取り扱われている。例えば，GRI 201-1では，組織が生み出し分配した経済価値についての報告要求事項が設定されており，収益からいくら従業員や資本提供者，政府へ分配され，いくら留保されたかといった資金の流れについて報告することになる。

IFRS S2号との関連では，GRI 201-2で「気候変動による財務上の影響，その他のリスクと機会」についての報告要求事項が設定されており，気候変動に起因するリスクや機会を管理する手法といった情報と合わせて報告することが要求されている。

### 〈GRI 300（環境項目）〉

300番台では，「自然体系（土地，空気，水，生態系など）に対して組織が与える影響（インパクト）」が取り扱われている。例えば，GRI 301では，再生可能原材料の使用量などが報告要求事項に設定されており，リサイクルなどの資源保護への貢献について報告することになる。

IFRS S2号との関連では，GRI 305でGHG排出量についての報告要求事項が設定されている。

### 〈GRI 400（社会項目）〉

400番台では，「組織が事業を展開する社会のシステムに対して与える影響（インパクト）」が取り扱われている。例えば，GRI 401では，従業員の雇用・離職・休暇に係る定量データや手当に関する報告要求事項が設定されており，労働者というステークホルダーに与える影響（インパクト）について報告することになる。

### ・GRIで適用されるサステナビリティの重要な概念

サステナビリティ報告の基礎となる概念について，GRIスタンダードではどのように適用されているかを整理している。これらを理解することは利用者にとって重要であるため，**図表3－3－15**で簡単に整理しておく。

**図表3－3－15**　**「GRI 1：基礎2021」で定義される重要な概念**

| 重要な概念 | 内容 |
| --- | --- |
| 影響（インパクト） | 組織が自らの活動や取引関係の結果として，経済，環境，ならびに人権を含む人々に与える，または与える可能性のある影響 |

| | をいい，影響（インパクト）は持続可能な発展に対する組織の寄与を示すものである。 |
|---|---|
| マテリアルな項目 | 組織が報告を優先すべき，経済，環境，ならびに人権を含む人々に与える最も著しい影響（インパクト）を反映する項目。いずれ組織の財務的にマテリアルな項目となることはあるとされているが，報告時点においては，財務的にマテリアルかどうかとは切り離されている。 |
| デューデリジェンス | 組織が経済，環境，ならびに人権を含む人々に与える実質的・潜在的なマイナスの影響（インパクト）を特定，防止，軽減し，どう対処しているかを説明するプロセス。 |
| ステークホルダー | 組織の活動によって影響を受ける，または影響を受ける可能性のある利害関係を有する個人またはグループであり，一般的なカテゴリーとして，ビジネスパートナー，市民社会組織，消費者，顧客，従業員およびその他の労働者，政府，地域コミュニティ，非政府組織，株主およびその他の投資家，サプライヤー，労働組合，社会的弱者が挙げられる。なお，すべての利害関係が等しく重要なわけではなく，すべてを同等に扱う必要はない。 |

出所：GRI 1: 基礎 2021をもとに筆者作成

## ②　GRIスタンダードを活用したサステナビリティ報告の実務

### ・サステナビリティレポートの開示フレームワークとしてのGRIスタンダードの活用

〈GRIの要求事項と報告原則〉

　まず初めに，サステナビリティレポートの開示フレームワークとして利用される方法がある。「GRI 1：基礎 2021」内の「3．GRIスタンダードに準拠した報告」において，「GRIスタンダードに準拠して報告を行うことにより，組織は，経済，環境，ならびに人権を含む人々に与える最も著しい影響（インパクト）と，それをどう管理しているのかを包括的に示すことができる。これにより情報利用者は，組織の影響（インパクト）と持続可能な発展への寄与について，確かな情報に基づく評価と意思決定を行うことができる」とされている。

　「GRI 1：基礎 2021」では，GRIスタンダードに準拠した報告を行う際に満

172

たす必要がある9つの要求事項や8つの報告原則，追加の推奨事項が，GRIスタンダードの目的と体系やサステナビリティレポートにおける重要な概念とともに簡潔にまとまっているので，これからサステナビリティレポートの実務に関わる読者はまず一読すべき内容となっている。

**図表3－3－16**　**「GRI 1：基礎 2021」で定義される要求事項**

| 要求事項 | 内容 |
|---|---|
| 要求事項1：<br>報告原則の適用 | すべての報告原則を適用する。 |
| 要求事項2：<br>「GRI 2: 一般開示事項2021」に示す開示事項の報告 | 「GRI 2: 一般開示事項2021」に記載されている「組織の報告実務」，「活動と労働者」，「ガバナンス」，「戦略，方針，実務慣行」，「ステークホルダー・エンゲージメント」に関する開示事項を報告する。 |
| 要求事項3：<br>マテリアルな項目の決定 | 自らのマテリアルな項目を決定する。その際に，該当するセクター別スタンダードを適用する。 |
| 要求事項4：<br>「GRI 3: マテリアルな項目 2021」に示す開示事項の報告 | 「GRI 3: マテリアルな項目 2021」に記載されているマテリアルな項目に関する決定プロセス，リスト，マネジメントの3つの開示事項を報告する。 |
| 要求事項5：<br>GRI項目別スタンダードの各マテリアルな項目に関する開示事項の報告 | 決定されたマテリアルな項目に関する項目別スタンダードの開示事項を報告する。その際に，該当するセクター別スタンダードを適用する。 |
| 要求事項6：<br>組織が満たすことができない開示事項や要求事項の省略の理由の提示 | 満たせない開示事項や要求事項を明記し，その省略の理由を説明する。省略の理由としては，「該当せず」，「法令による禁止」，「機密保持上の制約」，「情報が入手不可／不完全」の4つが認められている。 |
| 要求事項7：<br>GRI内容索引の公開 | 組織のマテリアルな項目の一覧や報告した開示事項の名称・一覧等を含むGRI内容索引を公開する。 |
| 要求事項8：<br>利用に関する声明の提示 | GRI内容索引に，報告期間についてGRIスタンダードに準拠して報告する旨の声明を付記する。 |
| 要求事項9： | GRIスタンダードの利用および利用に関する声明をGRI |

| GRIへの通知 | にメールで通知する。 |
|---|---|

出所：GRI 1：基礎 2021をもとに筆者作成

**図表 3 － 3 －17**　**「GRI 1：基礎 2021」で定義される報告原則**

| 報告原則 | 内　　容 |
|---|---|
| 正確性 | 自らが及ぼす影響（インパクト）を評価するための正確さと十分に詳細な情報を報告しなければならない。 |
| バランス | 偏りなく情報を報告し，自らが及ぼすプラスとマイナス両面の影響（インパクト）を公平に示さなければならない。 |
| 明瞭性 | 入手しやすく，理解しやすい形で情報を提示しなければならない。 |
| 比較可能性 | 自らの影響（インパクト）に関する経年変化の分析，また他の組織の影響（インパクト）との比較分析ができるように，一貫性を持って情報を選択，編集，報告しなければならない。 |
| 網羅性 | 報告期間における自らの影響（インパクト）を評価できる，十分な情報を提示しなければならない。 |
| サステナビリティの文脈 | 持続可能な発展という，より広範な文脈における影響（インパクト）の情報を報告しなければならない。 |
| 適時性 | 情報を定期的に報告し，情報利用者が意思決定を行う上で適切な時期に入手できるようにしなければならない。 |
| 検証可能性 | 情報の品質を保証するために，検証可能な方法で情報を収集，記録，編集，分析しなければならない。 |

出所：GRI 1：基礎 2021をもとに筆者作成

〈マテリアルな項目の決定〉

　ここまではどの業界に属する組織の実務者であっても対応に大きな差は生じることはないだろうが，「GRI共通スタンダード」の「GRI 3：マテリアルな項目 2021」を分岐点として，各組織の特色に沿ってセクター別スタンダードおよび項目別スタンダードを参照していくことになる。

　「GRI 3：マテリアルな項目 2021」では，マテリアルな項目の決定方法について説明されており，マテリアルな項目を決定するプロセスやマテリアルな項目のリスト，各項目のマネジメント方法に関する情報を報告する際に組織が利

174

図表 3 - 3 -18　セクター別スタンダードと共通スタンダードおよび項目別スタンダードの関係

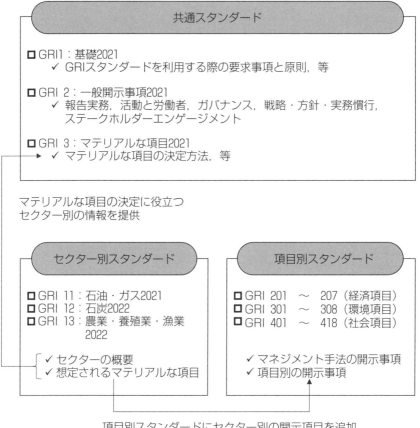

出所：GRI 3：マテリアルな項目 2021およびGRIスタンダードの各基準をもとに筆者作成

用する開示事項が記載されている。マテリアルな項目の決定方法では4ステップのプロセスが説明されているが，この際に組織が該当するセクター別スタンダードを活用する。セクター別スタンダードは，組織にとってマテリアルと想定される項目に関する情報を提示しており，組織がマテリアルな項目を決定する際や決定したマテリアルな項目について報告する情報を判断する際に役立つ。
　「GRI 3：マテリアルな項目 2021」およびセクター別スタンダードによって

図表 3 － 3 － 19　マテリアルな項目の決定プロセス

**背景状況の把握**
- 活動，取引関係，関係するサステナビリティの背景と
ステークホルダーについて整理
  - セクター別スタンダードを参照し，セクターの背景
状況を把握

**影響（インパクト）の特定**
- 活動や取引関係における顕在化した，または潜在的な
影響（インパクト）を特定
  - セクター別スタンダードを参照し，セクターで想定
される影響（インパクト）を検討

**影響（インパクト）の評価**
- 影響（インパクト）の重要性を深刻度と発生可能性によ
って決定

**影響（インパクト）の優先順位付け**
- 報告すべきマテリアルな項目を決定するため，評価結果
に基づき優先順位付け

出所：GRI 3：マテリアルな項目 2021をもとに筆者作成

　報告するマテリアルな項目が決定したら，後は該当する項目別スタンダードに
記載されている開示事項を参照し報告をする。この際に，セクター別スタン
ダードから項目別スタンダードの開示事項に対して追加的な開示事項や推奨事
項があるため，該当するセクターではあわせて報告をする必要がある。
　以上がサステナビリティレポートの開示フレームワークとしてGRIスタン
ダードを活用する場合の流れであるが，他にもサステナビリティ報告の実務に
おける活用方法を紹介する。

**・マテリアリティの決定における項目別・セクター別スタンダードの活用**
　1つには，マテリアルな項目の決定における活用である。GRIスタンダード
以外の様々なフレームワークや基準においても，マテリアルな項目について開

176

示や報告がサステナビリティ報告では期待されているが，その定義はそれぞれ微妙に異なっている。しかしながら，報告主体である組織にとって開示すべき重要な事項を決定するという目的はおおむね合致しており，その出発点として，マテリアルな項目（マテリアリティと記載されることもある）のロングリストにGRIスタンダードで定義される項目別スタンダードの開示事項が列挙されることが実務上は少なくない。上述のとおり，最初のセクター別スタンダードが公開されたのは2021年であり，順次セクターを広げていくことから，今後は項目別スタンダードをロングリストに一律に加えるのではなく，セクター別スタンダードとそこで参照される項目別スタンダードの開示事項が起点になると考えられる。

### ③ 現状における利用状況，今後の改訂予定

企業，投資家，政策立案者，市民社会，労働組織，その他の専門家と協力し開発されたGRIスタンダードは，100か国以上の10,000を超える組織で使用され，2022年には総数で97万ダウンロードされている。また，デロイト トーマツが2022年に行った売上5億米ドル以上の300社の上場企業に対する調査によると，その47%がESG開示においてGRIスタンダードを活用している[5]。

今後も項目別スタンダードの改訂および開発，40程度の影響の大きいセクター別基準の開発を検討しており，現在進行中または開始予定とされているスタンダードはGRIの公式ホームページにて公開されている。

**図表3－3－20** GRIの進行中および予定している開発スケジュール

| スタンダード | 状況 | 開始時期 | 公表予定 |
|---|---|---|---|
| セクター別スタンダード | | | |
| 鉱業 | 進行中 | 2022年<br>第1四半期 | 2024年<br>第1四半期<br>（予定） |

5 Deloitte, "Sustainability action report: Survey findings on ESG disclosure and preparedness"（December 2022）.

| | | | |
|---|---|---|---|
| 繊維・アパレル | 進行中 | 2023年<br>第 1 四半期 | 未定 |
| 金融サービス | 進行中 | 2023年<br>第 3 四半期<br>〜2024年<br>第 3 四半期 | 2025年<br>第 3 四半期<br>（予定） |
| 項目別タンダード | | | |
| 生物多様性 | 進行中 | 2021年<br>第 3 四半期 | 2024年<br>第 1 四半期<br>（予定） |
| 労働 | 進行中 | 2022年<br>第 3 四半期 | セット 1 : 2024年<br>第 4 四半期<br>セット 2 : 2025年<br>第 4 四半期 |
| 気候変動 | 進行中 | 2022年<br>第 4 四半期 | 2024年<br>第 4 四半期<br>（予定） |
| 経済的影響 | 開始予定 | 2023年<br>第 3 四半期<br>（予定） | 未定 |
| 汚染 | 開始予定 | 2023年<br>第 4 四半期<br>（予定） | 未定 |

出所：GRI公式ホームページをもとに筆者作成

# （4）　TNFD

　TNFDとは，Taskforce on Nature-related Financial Disclosures（自然関連財務情報開示タスクフォース）の略称である。生物多様性に係る情報開示を促進すべく，情報開示のフレームワークを構築するために2021年 6 月に設立された。ここでは，生物多様性に関する動向，TNFDに係る情報開示フレームワークについて解説する。

## ① 自然および生物多様性を巡る動向

　生物多様性に関して国際的な関心が高まっている。2018年に国連は，「生物多様性および生態系サービスに関する政府間科学‐政策プラットフォーム（IPBES）」報告書を公表し，種の減少を始めとする自然の減少速度が早まっている旨の報告をしている。また，2020年の世界経済フォーラム「自然とビジネスの未来」報告書では，世界のGDPのおよそ半分に当たる約44兆ドルが自然に依存し，リスクに晒されていると指摘されている。さらに世界経済フォーラムによる「グローバルリスク報告書」において「生物多様性の喪失と生態系の崩壊」が2020年以降継続して，「今後10年間に起こりうる深刻度が大きいグローバルリスク」のトップ5に入るなど，自然は気候変動に次ぐ重要な環境テーマとして認識されている。このことは，自然関連リスクについて個々の企業や金融機関の観点だけではなく，システミックリスクとして経済全体としての連鎖的な観点に留意が必要であることを意味している。その例として，125以上の中央銀行および金融監督機関のネットワークであるNGFS（Network for Greening the Financial System）が2022年3月に，自然関連リスクはマクロ経済への重要な影響を秘めており，対応の失敗は，金融の安定性の観点からもリスク要因であると結論付けている。

　2022年12月に国連が開催した生物多様性条約第15回締約国会議（COP15）にて，生物多様性の新しい世界的な枠組みとして「昆明・モントリオール生物多様性枠組」（以下「GBF」という）が採択され，GBFは，すべての大企業・多国籍企業・金融機関が，事業，サプライチェーン，バリュー・チェーン，ポートフォリオに沿った生物多様性に関する依存，影響およびリスクを，定期的に監視および評価し，透明性をもって開示するべきとしている。なお，日本においても，2023年3月に閣議決定された生物多様性国家戦略において，基本戦略3「ネイチャーポジティブ経済の実現」の行動目標のひとつとして「企業による情報開示等の促進」が掲げられた。

## ② TNFD

　情報開示に関する機運の高まりを受け，国連開発計画（UNDP），国連環境

計画金融イニシアティブ（UNEP FI），世界自然保護基金（WWF），環境NGOグローバルキャノピーの主導により，2021年6月にTNFDが発足した。TNFDはそのミッションを，「グローバルの金融の流れを，自然にとってマイナスの結果からプラスの結果へシフトさせるという目的のために，企業が自然関連のリスクについて報告し行動するためのリスクマネジメントと情報開示のフレームワークを開発することである」としている。

### ③　TNFDによる開示フレームワーク

　TNFDは発足後，フレームワークとしてのベータ版を順次公表し，投資家や企業から広くコメントを求めて反映・改善していくオープンイノベーションアプローチを採用した。2022年3月のベータ版0.1，同6月の0.2，同11月の0.3，2023年3月の0.4を経て，同9月にバージョン1.0を公表した。バージョン1.0として公表されたTNFD提言および追加ガイダンスの概要は，**図表3－3－21**のとおりとなっている。TNFDは，TCFD提言，ISSB，ESRSおよびGBF等と，用語，構造等について整合を図っている。

180

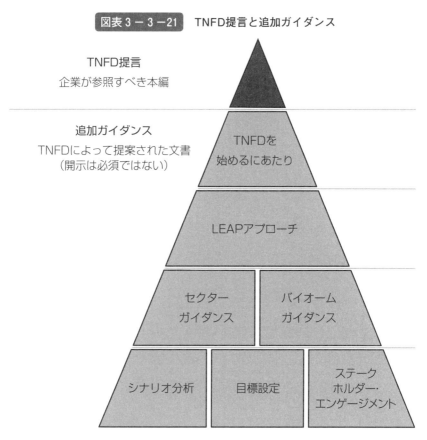

図表３－３－21　TNFD提言と追加ガイダンス

TNFD提言
企業が参照すべき本編

追加ガイダンス
TNFDによって提案された文書
（開示は必須ではない）

TNFDを
始めるにあたり

LEAPアプローチ

セクター
ガイダンス

バイオーム
ガイダンス

シナリオ分析

目標設定

ステーク
ホルダー・
エンゲージメント

※その他，エグゼクティブサマリー，用語集，データに関するレポートも公表された

出所：Recommendations of the Taskforce on Nature-related Financial Disclosures（2023年9月）に基づき筆者作成

④　TNFDによる推奨開示項目

　TNFD推奨開示項目は**図表３－３－22**のとおりであり，４つの柱（「ガバナンス」，「戦略」，「リスクと影響（インパクト）の管理」，「指標と目標」）と，14の開示項目から構成されている。

図表3-3-22　TNFD推奨開示項目

| ガバナンス | 戦略 | リスクと影響の管理 | 指標と目標 |
|---|---|---|---|
| 自然関連の依存,影響,リスクおよび機会に係る組織のガバナンスを開示する | 自然関連の依存,影響,リスクおよび機会が,組織の事業・戦略・財務計画に与える重要な影響を開示する | 組織が自然関連の依存,影響,リスクおよび機会をどのようなプロセスで識別・評価・優先順位付けとモニタリングしているかを開示する | 自然関連の依存,影響,リスクおよび機会を評価・管理する際に使用する指標と目標を開示する |
| A.自然関連の依存,影響,リスクおよび機会についての取締役会による監視体制の説明をする | A.組織が識別した,短期・中期・長期の自然関連の依存,影響,リスクおよび機会を説明する | A.(i)直接操業における自然関連の依存,影響,リスクおよび機会を識別・優先順位付けするための組織のプロセスを説明する | A.組織が,自らの戦略とリスク管理プロセスに即し,自然関連のリスクおよび機会を評価・管理する際に用いる指標を開示する |
| B.自然関連の依存,影響,リスクおよび機会を評価・管理する上での経営者の役割を説明する | B.自然関連の依存,影響,リスクおよび機会が組織の事業,戦略,バリュー・チェーン,財務計画におよぼす影響および検討されている移行計画や分析を説明する | A.(ii)バリュー・チェーンの上流・下流における自然関連の依存,影響,リスクおよび機会を識別・優先順位付けするための組織のプロセスを説明する | B.組織が自然への依存および影響を評価・管理する際に用いる指標を開示する |
| C.自然関連の依存,影響,リスクおよび機会に対する組織の評価と対応において,先住民,地域社会,影響を受けるその他の利害関係者に関 | C.様々な自然関連シナリオを考慮しながら,組織の戦略のレジリエンスについて説明する | B.自然関連の依存,影響,リスクおよび機会を管理するための組織のプロセスを説明する | C.組織が自然関連の依存,影響,リスクおよび機会を管理するために用いる目標および目標に対する実績について説明する |

| する組織の人権方針と活動および取締役会と経営者による監督について説明する | | | |
|---|---|---|---|
| | D.優先地域の要件を満たす，組織の直接操業における資産と事業活動の場所を開示する。可能であれば，バリュー・チェーンの上流と下流の場所についても開示する | C.自然関連の依存，影響，リスクおよび機会を識別・評価・管理するプロセスが組織の総合的リスク管理においてどのように統合され，そのプロセスにおいて考慮されているか説明する | |

出所：Recommendations of the Taskforce on Nature-related Financial Disclosures（2023年9月）に基づき筆者作成

　気候変動を含むサステナビリティ報告に関する一貫した統合的なアプローチを求める市場参加者の声に応えるために，TNFDの推奨開示項目は，TCFDのそれをベースに，次のような自然の特徴を加味した内容となっている。

### ・自然関連の依存および影響に関する開示

　TNFD推奨開示項目の特徴については，リスクと機会だけでなく，依存と影響（インパクト）に関する記載についても要求されることが挙げられる。

　まず，TNFDは，企業等の自然関連の依存と影響（インパクト）が，自社のリスクと機会を生み出す関係にあるとしており，さらに，そのプロセスを，**図表3－3－23**のとおり，影響要因（impact drivers）を起点として，影響（インパクト）や依存の経路（pathway）を辿りながら，自然の状態の変化や生態系サービスの変化を経て，自社のリスクと機会に至るという時間の経過を伴うダイナミックな流れであるとしている。

| 図表 3 － 3 － 23 | 自然関連の依存，影響，リスクおよび機会の関係 |

出所：Recommendations of the Taskforce on Nature-related Financial Disclosures（2023年9月）

　また，上記の影響（インパクト）や依存の起点となる影響要因（impact drivers）は複数あり，「気候変動」，「陸域・淡水・海洋利用の変化」，「資源の利用・再生」，「汚染・汚染除去」および「侵略的外来種の導入・除去」の5つに分類されるとしている。したがって，どのような影響要因（impact drivers）が存在しているかを理解することが，依存，影響（インパクト），リスクおよび機会を理解する上でポイントとなる。

　上記を踏まえると，自然関連のリスクと機会を理解するためには，その前工程としての影響要因（impact drivers）を始めとする依存や影響（インパクト）の内容について理解しておくことが重要となってくるため，TNFDによる推奨開示項目においては，TCFDのそれとは異なり，自然関連の依存や影響（インパクト）についての記載が全般的に求められている。


・TCFD提言から追加された3つの項目

　開示推奨項目について，TCFD提言における11個の推奨開示項目をベースとして，TNFDでは3つの項目が追加され，計14個の推奨開示項目となっている。


〈優先地域の開示〉

　上記の追加3項目の1つ目として，直接操業およびバリュー・チェーンの上流と下流に関する優先地域の場所についての開示が要求されていることが挙げられる（戦略D）。

TNFDについて，影響要因（impact drivers）の対象となる自然は，多種多様かつ場所固有のものであるため，どこの地域のどのような自然に対してその影響要因（impact drivers）を有しているのかを理解することが重要となってくる。

例えば，高速道路を建設するにしても，すでに自然が喪失している都市部に建設する場合よりも，自然が豊富に残存し絶滅危惧種が生息するような土地を切り開いて建設する場合のほうが，自然への影響が甚大となる可能性があるといえる。

### 〈ステークホルダー等の開示〉

追加3項目の2つ目として，「自然関連の依存，影響（インパクト），リスクおよび機会に対する組織の評価と対応において，先住民，地域社会および影響を受けるその他の利害関係者に関する組織の人権方針と活動および取締役会と経営者による監督について説明する」ことが要求されていることが挙げられる（ガバナンスC）。

上記のとおり自然については場所の概念が重要であり，そのような場所には，自然だけではなく，先住民を含む地域住民や社会が存在する場合があることから，それらへの影響の考慮や人権方針およびエンゲージメントは，影響（インパクト）・リスク等評価や対応策等の検討において重要な要素となってくる。ステークホルダーに関する検討については，前掲図表3－3－21のとおり，TNFDはステークホルダー・エンゲージメントに関するガイダンスを公表している[6]。

### 〈バリュー・チェーンの考慮〉

追加3項目の3つ目として，自然関連の依存，影響（インパクト），リスクおよび機会の検討においても，直接操業地域だけでなく，上流と下流のバリュー・チェーンについても検討範囲とすることが，リスクと影響（インパクト）管理A.（ⅱ）において，「バリュー・チェーンの上流・下流における自然関

---

[6] Guidance on engagement of Indigenous People, Local Communities & affected stakeholders

連の依存，影響，リスクおよび機会を特定・優先順位付けするための組織のプロセスを説明する」として要求されている。


・開示指標

　各企業等のTNFD開示について，少数の比較可能な指標セットを求める市場参加者のニーズに応えるべく，TNFDは，開示指標のカテゴリーとして，コアグローバル指標（セクター共通，**図表3－3－24**），コアセクター指標，追加指標を定めている。

　コアグローバル指標については，開示しない場合はその理由を説明することが要求されており，追加指標についてはその開示が推奨されている。

**図表3－3－24**　コアグローバル開示指標の一覧（セクター共通）

―――――――　依存・影響に関するコアグローバル開示指標　―――――――

| 番号 | 自然の変化の要因 | インディケーター | 指標 |
|---|---|---|---|
| C 1.0 | 陸域・淡水・海洋利用の変化 | 総空間フットプリント | 総空間フットプリント（km²）（合計）：組織が管理する総面積（km²），総改変面積（km²），総復元・再生面積（km²） |
| C 1.1 | | 陸域・淡水・海洋利用の変化範囲 | ・陸域／淡水／海洋生態系の利用変化の範囲（km²）<br>・陸域／淡水／海洋生態系の保全または再生の範囲（km²）<br>・陸域／淡水／海洋生態系の持続可能に管理されている範囲（km²） |
| C 2.0 | | 排水 | 種類別の土壌に放出された汚染物質量（トン） |
| C 2.1 | | 排水量と排水中の主要汚染物質濃度 | ・排水量（m³）<br>・排水中の主要な汚染物質の濃度<br>・排水の温度 |
| C 2.2 | | 廃棄物の発生と処理 | ・有害および非有害廃棄物の種類別の発生量（トン）<br>・有害および非有害廃棄物の廃棄量（トン） |

| | | | ・埋め立てを回避した有害および非有害廃棄物の量（トン） |
|---|---|---|---|
| C2.3 | 汚染／汚染除去 | プラスチック汚染 | ・使用または販売されたプラスチック（ポリマー，耐久消費財，包装材）の総重量（トン）<br>・再利用可能，たい肥化可能，技術的にリサイクル可能なプラスチック包装の割合 |
| C2.4 | | 非GHG大気汚染物質 | 種類別の非GHG大気汚染物質の総量）（トン）：<br>・粒子状物質（PM 2.5および／またはPM 10）<br>・窒素酸化物（$NO_2$, NOおよび$NO_3$）<br>・揮発性有機化合物（VOCまたはNMVOC）<br>・硫黄酸化物（$SO_2$, SO, $SO_3$, SOX）<br>・アンモニア（$NH_3$） |
| C3.0 | | 水ストレス地域からの取水と消費 | 水ストレス地域からの総取水量および総消費量（$m^3$） |
| C3.1 | 資源の利用／補充 | 陸域・海洋・淡水由来のリスクの高い天然物資の量 | ・陸域・海洋・淡水から調達される高リスクの天然物資の量（トン）<br>・上記のうち，持続可能な管理計画または認証プログラムに基づき調達された量（トン） |
| C4.0 | 侵略的外来種他 | 意図しない侵略的外来種の持ち込み対策 | 意図しない侵略的外来種の持ち込みを防ぐための適切な措置の下で運営されている高リスクの活動，または低リスクに設計された活動の割合 |
| C5.0 | 自然の状態 | 自然の状態<br>・生態系の状態<br>・種の絶滅リスク | 以下の指標を報告し，LEAPアプローチの附属書２の自然の状態の測定に関するTNFDの追加ガイダンスを参照することを推奨する<br>・生態系と事業活動別の生態系の状態レベル<br>・種の絶滅リスク |

―――――――― リスク・機会に関するコアグローバル開示指標 ――――――――

| 番号 | カテゴリー | 指標 |
|------|----------|------|
| C 7.0 | | 自然関連の移行リスクに対して脆弱であると評価される資産，負債，収益および費用の価値（合計および合計に占める割合）。 |
| C 7.1 | リスク | 自然関連の物理的リスクに対して脆弱であると評価される資産，負債，収益および費用の価値合計（合計および合計に占める割合）。 |
| C 7.2 | | 自然関連の負の影響に起因するその年度の重要な罰金／科料／／訴訟の説明と価値 |
| C 7.3 | 機会 | 政府または規制当局のグリーン投資タクソノミーまたは第３者としての産業もしくはNGOのタクソノミーを参照して，機会の種類別に，自然関連の機会に向けて投入された資本支出，資金調達または投資の価値 |
| C 7.4 | | 自然への実証可能なプラスの影響をもたらす製品とサービスからの収益の増加と割合およびその影響に関する説明 |

出所：Recommendations of the Taskforce on Nature-related Financial Disclosures（2023年９月）に基づき筆者作成
　　なお，グレー箇所は開示が推奨されるプレースホルダー指標である。

## ⑤　LEAPアプローチ

### ・LEAPアプローチの概要

　LEAPアプローチとは，市場参加者のニーズに基づきTNFDが公表した，企業や金融機関が自然関連の依存，影響，リスクおよび機会の評価と管理を実施するための統合的なアプローチである。その構成として，組織の優先事項を決める冒頭のScopingに続き，以降はLocate，Evaluate，Assess，Prepareの４つのフェーズから構成されている（**図表３－３－25**）。なお，LEAPの名称は，各フェーズの頭文字をとったものである。

188

図表 3 － 3 － 25　LEAPアプローチ

| 作業仮説の構築 | | 目標とリソースの調整 | |
|---|---|---|---|
| Locate | Evaluate | Assess | Prepare |
| L 自然との接点の発見 | E 依存度と影響の診断 | A 重要なリスクと機会の評価 | P 対応し報告するための準備 |
| L1 ビジネスモデルとバリューチェーンの範囲　L2 依存と影響のスクリーニング　L3 自然との接点　L4 センシティブな場所との接点 | E1 環境資産,生態系サービス,影響要因の特定　E2 依存と影響の特定　E3 依存と影響の測定　E4 影響の重要性評価 | A1 リスクと機会の特定　A2 既存のリスク軽減およびリスク・機会管理との調整　A3 リスクと機会の測定と優先順位付け　A4 リスクと機会の重要性評価 | P1 戦略とリソース配分計画　P2 目標設定とパフォーマンス管理　P3 報告　P4 公表 |

TNFD開示推奨項目とLEAPの対応関係

| 戦略 D | 戦略 A/D | 戦略 A/C/D | ガバナンス A/B/C |
|---|---|---|---|
| | リスクと影響の管理A（ⅰ,ⅱ）/B | リスクと影響の管理A（ⅰ,ⅱ）/B/C | 戦略 B/C |
| | 指標と目標 B | 指標と目標 A/B | 指標と目標 C |

出所：Recommendations of the Taskforce on Nature-related Financial Disclosures（2023年9月）に基づき筆者作成

・各フェーズの内容

　各フェーズの概要として，まずはScopingフェーズにて，素早くハイレベルに，内部と外部のデータを調査して，自社の重要な依存，影響（インパクト），リスクおよび機会に関する仮説を構築する。

　次に，Locateフェーズにおいて，中・高程度の依存や影響（インパクト）の可能性がある自組織に関するセクター，バリュー・チェーンおよび直接操業の内容と場所，また，接する自然の内容を明らかにし，さらにその中で生物多様性の観点から重要な地域，生態系の完全性が急速に減少している地域等

（Sensitive locations）に該当するものを優先地域として識別する（Priority locations）。

　Evaluateフェーズでは，Locateで設定した優先地域に関して，どのような影響要因（impact drivers），関連する環境資産と生態系サービスがあるかを明らかにした上で，依存と影響（インパクト）を特定し，その重要性を評価する。

　Assessフェーズでは，Evaluateフェーズで特定・評価した依存と影響（インパクト）に基づくリスクと機会を識別し，その重要性を評価する。

　最後に，Prepareフェーズでは，Assessフェーズまでの分析結果を踏まえて，自社の自然関連の戦略やそのリソース配分，目標設定および報告と開示を実施する。なお，目標設定に関して，科学に基づく自然に関する目標を設定する一環として，TNFDは，SBTN[7]と共同で公表した目標設定に関するガイダンス[8]（図表3-3-21）に沿うことを推奨している。

　上記の各フェーズの実務においては，ENCORE[9]等の各種ツールや，TNFDが示す評価指標[10]も使いながら，依存，影響（インパクト），リスクおよび機会を識別・評価していくこととなる。また，TNFDは，LEAPアプローチについて，最初から最後まで直線的に段階的に適用するプロセスではなく，分析のための反復的な要素を持つアプローチであるとしている。さらに，図表3-3-25のとおり，LEAPアプローチと推奨開示項目の関連性も示されている。

## ⑥　他の基準との関係

　TNFDはグローバルフレームワークの開発主体として，ISSBとEFRAG[11]等

---

7　Science Based Targets Networkのことであり，CDP，国連Global Compact，世界資源研究所（WRI），WWFの4団体，非営利団体および企業により設立された団体である。

8　Guidance for corporates on science-based targets for nature

9　国連環境計画世界自然保全モニタリングセンター（UNEP WCMC）や金融機関が共同で開発した自然関連の影響・リスク等の分析ツール

10　Guidance on the identification and assessment of nature-related issues: The LEAP approach, Annex 1: TNFD suggested assessment metrics

11　EUの欧州財務報告諮問グループであり，EUのCSRD（Corporate Sustainability Reporting Directive：企業サステナビリティ報告指令）の開示事項を定めるESRS（European Sustainability Reporting Standards：欧州サステナビリティ報告基準）のドラフトを作成した。同ドラフトは2023年7月31日に欧州委員会が採択済みであり，その後，欧州議会およびEU理事会による審議を経て，2024年1月1日から適用される予定である。

の広範な団体とナレッジパートナーの関係にあり，相互が開発する基準やフレームワークの内容について整合性を図っている。以下では，ISSBとEFRAGについて，各団体の自然に関連した動向やTNFDとの関連について説明する。

・ISSB

ISSBのエマニュエル・ファベール議長は2022年12月開催のCOP15において，ISSBの基準開発においてTNFDの自然関連のリスク管理や開示に関するアプローチを取り入れる意向を示している[12]。また，ISSBは，2023年5月4日に今後2年間のアジェンダの優先度に関する意見募集を公表し，その中で「新たなテーマのリサーチ，新たな開示基準の開発」について特に優先度の高い4つのプロジェクトの1つとして「生物多様性，生態系，生態系サービス」を挙げている[13]。

・CSRD

CSRDの開示事項を定めるESRSにおいて，生物多様性および生態系に関する基準書であるESRS E4のみならず，E2（汚染）・E3（水および海洋資源）・E5（資源利用と循環経済）におけるマテリアリティ評価の実施に際して，LEAPを考慮することができるものとされている。

⑦　今後の基準設定の展望等

TNFDは，今後の優先事項として，セクター別，バイオーム別およびシナリオ分析に関する追加ガイダンスを開発・公表していくものとしている。こうした背景のもと，TNFDに基づく積極的な情報開示を行う企業が今後もますます増加していくものと考えられる。

---

12　TNFDホームページ（https://tnfd.global/news/strategic-support-and-market-engagement/）参照。
13　IFRS財団ホームページ（https://www.ifrs.org/news-and-events/news/2023/05/issb-seeks-feedback-on-its-priorities-for-the-next-two-years/）参照。

# 第 4 章

## サステナビリティ報告に係る 内部統制・保証

# 第1節 ┃ サステナビリティ報告を巡る課題

## （1） わが国におけるレポーティングの現状

　わが国においては，企業内容等の開示に関する内閣府令（以下「開示府令」という）の改正により，2023年3月期以降に開示する有価証券報告書から「サステナビリティに関する考え方及び取組」の記載欄が設けられ，サステナビリティ情報の開示が義務化されている。しかしながら，記載要求事項は以下のとおり，「ガバナンス」，「戦略」，「リスク管理」ならびに「指標及び目標」のコア・コンテンツの内容を記載することのみ求められており，具体的な開示項目が求められていない。

---

（30−2）　サステナビリティに関する考え方及び取組
　最近日現在における連結会社のサステナビリティに関する考え方及び取組の状況について，次のとおり記載すること。（中略）
a　ガバナンス（サステナビリティ関連のリスク及び機会を監視し，及び管理するためのガバナンスの過程，統制及び手続をいう。）及びリスク管理（サステナビリティ関連のリスク及び機会を識別し，評価し，及び管理するための過程をいう。）について記載すること。
b　戦略（短期，中期及び長期にわたり連結会社の経営方針・経営戦略等に影響を与える可能性があるサステナビリティ関連のリスク及び機会に対処するための取組をいう。cにおいて同じ。）並びに指標及び目標（サステナビリティ関連のリスク及び機会に関する連結会社の実績を長期的に評価し，管理し，及び監視するために用いられる情報をいう。cにおいて同じ。）のうち，重要なものについて記載すること。
c　bの規定にかかわらず，人的資本（人材の多様性を含む。）に関する戦略並びに指標及び目標について，次のとおり記載すること。
⒜　人材の多様性の確保を含む人材の育成に関する方針及び社内環境整備に関する方針（例えば，人材の採用及び維持並びに従業員の安全及び健康に関する方針等）を戦略において記載すること。
⒝　⒜で記載した方針に関する指標の内容並びに当該指標を用いた目標及び

> 実績を指標及び目標において記載すること。

出所：企業内容等の開示に関する内閣府令　第二号様式記載上の注意

　また，わが国においては開示媒体としても，法定開示として有価証券報告書および事業報告等，自主開示書類として統合報告書およびサステナビリティレポート等といった様々な形で情報が発信されている。そのため，企業の開示実務負担を増やし，投資家としても1つの開示書類を見て企業価値の全体を俯瞰できないという点や，開示書類間の関連性が明確でないという点で，必ずしもわかりやすい開示体系にはなっていないと考えられる。

　法定開示書類である有価証券報告書は記載要件が決まっており，裁量性が乏しいということを理由に，企業が対外的に発信したい具体的な情報の詳細は有価証券報告書ではなく，自主開示書類に開示される傾向もある。しかしながら，自主開示書類においては，必ずしも各団体が公表している開示基準やフレームワークに基づく開示が行われているわけではなく，フレームワークの概念を部分的にのみ利用して開示している事例もある。さらに，自発的に開示している統合報告書やサステナビリティレポートは，決算期末日より半年超経過したタイミングで開示されていることが多いことから，非財務情報（記述情報）の意義について，「財務情報を補完し，投資家による適切な投資判断を可能とする」[1]ものと捉えた場合，財務情報が開示されたタイミングと比較して，非財務情報の開示のタイミングが比較的遅い傾向にある。

## （2）　IFRS S1号による主要論点

　ここでは，IFRS S1号において，実務上において重要な論点になると考えられる事項の一部を抜粋して解説する。

---

1　金融庁「記述情報の開示に関する原則」（平成31年3月19日）1-1。

194

**図表 4 − 1 − 1**　IFRS S1号における主な論点

| 項目 | 基準の内容 |
|---|---|
| 報告企業(S1号 20項) | 企業のサステナビリティ関連財務開示は，関連する財務諸表と同じ報告企業に関するものでなければならない。 |
| つながりのある情報（S1号21項） | 企業は，以下の種類のつながりについて，投資家等が理解できるように情報を提供しなければならない。<br>(a)　情報が関連する項目間のつながり<br>(b)　開示された情報間のつながり<br>　(i)　サステナビリティ関連財務開示の中のつながり<br>　　※例えば，ガバナンス，戦略，リスク管理，指標および目標の間のつながり<br>　(ii)　サステナビリティ関連財務開示と他の一般目的財務報告書の情報のつながり<br>　　※例えば，財務諸表とサステナビリティ関連財務開示とのつながり |
| 開示の場所（S1号60項） | 企業は，IFRSサステナビリティ開示基準によって要求される開示を一般目的財務情報の一部として提供しなければならない。 |
| 報告のタイミング（S1号64項） | 企業は，サステナビリティ関連財務開示を関連する財務諸表と同時に報告する必要があり，また，それぞれでカバーされる期間も同じものでなければならない。 |

出所：IFRS S1号をもとに筆者作成

① 報告企業

　報告主体の要件は，企業のサステナビリティ関連財務情報の開示は，財務諸表と同じ報告企業に関するものでなければならないとしており，連結範囲での開示が必要となる。定量情報および記述的な情報が一部の子会社に限定されているなど，範囲が網羅的でない場合においては，連結範囲での情報収集体制の構築が必要となる。

② つながりのある情報

　情報が関連する項目間，サステナビリティ関連財務報告開示間，サステナビリティ財務情報開示と財務情報間のつながりを利用者が理解できるように情報

を提供しなければならないとされている。有価証券報告書における記載項目によって担当部署が分離されている場合，開示作成部署間の連携が重要となる。また，有価証券報告書間（およびその他の開示媒体）のバランスを担保するために，開示内容の全体的な骨子のプランニングを決算期末日より前に実施する，詳細な開示内容のドラフトができ上がったタイミングで開示項目間の整合性をレビューするなど，必要な内部統制プロセスの構築が必要となると考えられる。

## ③　開示場所，報告時期

　IFRSサステナビリティ開示基準で要求される開示は，一般目的財務報告書の一部として提供する必要があるため，有価証券報告書での開示が必要となる。企業が発行する別の報告書を相互参照することができることとなっているが，同じ条件で同時に入手可能である必要があるとされている。有価証券報告書と参照される統合報告書等の任意開示書類についても同じタイミングで開示が必要になるため，それぞれの開示媒体における開示内容の整理が必要となる可能性がある。

　報告時期は，サステナビリティ関連財務情報を，財務諸表と同時に報告する必要があるとされており，有価証券報告書の開示と同じタイミング，同じ報告期間を対象とした開示が必要になるため開示早期化が必要となる。

　このように，（1）で述べたわが国におけるレポーティング実務を考慮すると，以下の点が重要になってくるため，留意が必要と考えられる。

- ・IFRS S1号およびIFRS S2号が有価証券報告書に取り込まれた場合においては，準拠性が求められるため，企業の開示負担が増加する可能性がある。
- ・開示内容が重複するという意味では，法定開示書類である有価証券報告書を企業の正式な開示書類と位置付け，その他の自主的開示書類である，統合報告書やサステナビリティレポート等の開示媒体の目的を再定義した上で，開示内容を整理する必要がある。
- ・法定開示書類である有価証券報告書に開示が要求されるという意味で，情報の信頼性の担保が必要となる。情報の信頼性の担保という観点では，先述し

> た内容に加えて，開示内容，開示データの正確性，網羅性等の担保のための，サステナビリティ情報に関する内部統制の整備と運用の改善が必要になる可能性がある。

# 第2節 ┃ サステナビリティ情報の内部統制

　サステナビリティ情報の信頼性を確保するためのガバナンス体制の構築には，トレッドウェイ委員会支援組織委員会（Committee of Sponsoring Organizations of the Treadway Commission，以下「COSO」という）が公表しているフレームワークの利用が有力な手段となりうるため，ここではCOSOのガバナンスフレームワークを紹介する。

## （1）　COSOのガバナンスフレームワーク

　COSOは，1992年に内部統制の統合的フレームワーク（Internal Control－Integrated Framework，以下「ICIF」という）を公表した。当初のICIFは，財務報告に関する様々な専門家を共通の言語と概念で支援することを目的に，内部統制の定義を示し，内部統制システムの評価と改善のための共通の枠組みを提供するものであった。2013年，COSOは，ICIFがあらゆる形態のレポート（例えば，財務，非財務，内部，外部）を含むように拡大する改訂を行った。さらに，2023年3月，COSOは，ICIFを活用してサステナビリティ報告に対する有効な内部統制を構築するための補足的ガイダンス（Achieving Effective Internal Control over Sustainability Reporting，以下「ICSR」）を公表した。

　ICIFは様々な国でガバナンスフレームワークとして利用されており，わが国においても内部統制報告制度（以下「J-SOX」という）にその考え方が取り入れられている。そのため，ICSRは，主に財務情報に対して実務で導入されているICIFをサステナビリティ情報に適用するための解釈指針といえる。

　ICIFおよびICSRを利用したサステナビリティ情報に対するガバナンス体制の構築は，企業が既存のガバナンス体制を土台に効率的に体制構築することを促進し，また，後述のとおり，非財務情報と財務情報の統合的なガバナンスに

効果的と考えられる。

## ①　ICIFの概要

　ICIFは，企業を取り巻く環境変化に適応して，リスクを許容可能な水準に低減し，企業の健全な意思決定およびガバナンスを支える効果的かつ効率的な内部統制システムの整備を可能にするフレームワークである。ICIFは，内部統制は動的で反復的で統合されたプロセスであると捉え，ガバナンスのあり方を「目的の3つの分類」,「5つの構成要素」,「企業の組織構造」で表現している（**図表4－2－1**）。

**図表4－2－1**　ICIFにおける目的の3つの分類／5つの構成要素／企業の組織構造

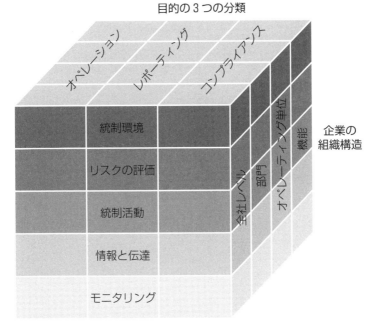

目的の3つの分類

オペレーション　レポーティング　コンプライアンス

統制環境

リスクの評価

統制活動

情報と伝達

モニタリング

全社レベル　部門　オペレーティング単位　機能

企業の組織構造

**5つの構成要素**

出所：ICIF Executive Summaryをもとに筆者作成

　ICIFは，各構成要素に関連する基本的な概念を表す17個の原則を示している。

これらの原則は，すべてを適用することで有効な内部統制を実現することができるとされている。さらにICIFは，各原則の重要な特徴である「着眼点」を定義している。「着眼点」は原則と異なり，企業に関連する場合もあればそうでない場合もあり，その適用には企業による判断が必要とされている。

　企業がICIFに基づきガバナンス体制を構築する場合，5つの構成要素と17個の原則のすべてを目的に合わせて適用し，関連する「着眼点」に基づいて，より具体的なガバナンス要件を設定することになると考えられる。

## ② ICSRの概要

　ICSRは，主に以下のセクションから構成されている。

---

- ・定義：ICSRを理解する上で必要不可欠なサステナビリティに関する重要な用語の定義が説明されている。
- ・推奨事項：ICSRに基づく5つのアクションポイント，企業内外にもたらすべネフィット等が説明されている。
- ・背景：財務報告との相違点，サステナビリティ情報に関する課題等が説明されている。
- ・ICIFのサステナビリティへの適用：ICIFで定義されている構成要素，原則，着眼点をサステナビリティに対して適用する際の考え方が示されている。
- ・主要な10の留意事項：ICSRの適用にあたっての10の留意事項が説明されている。

---

　前述のとおり，ICSRは，ICIFを活用してサステナビリティ報告に対する有効な内部統制を構築するための補足的ガイダンスである。そのため，構成要素，原則，着眼点はICIFとICSRで共通となっており，ICSRは原則および着眼点をサステナビリティ情報に対するガバナンス要件として落とし込む際の解釈を提供している。

　ICSRの解釈を理解するために有用な視点の1つが，従来の財務報告とサステナビリティ報告との相違点である。ICSRは，相違点を**図表4－2－2**に示す3つのカテゴリーで説明しており，サステナビリティ報告（ICSRでは図表4－2－2のとおり「ESG報告」と記載されている）は3つの丸の中の下段に

記載している属性が財務報告に比して強いとされている。財務報告とサステナ
ビリティ報告との違いを考慮することは，ICIFを主として財務報告に係るガ
バナンスフレームワークとして利用してきた日本の企業が，ICSRを適用し，
実務で培ってきたガバナンス知見をサステナビリティ情報に利用することに役
立つと考えられる。

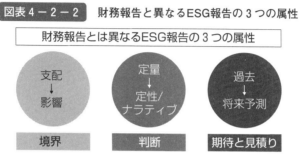

図表4－2－2　財務報告と異なるESG報告の3つの属性

出所：ICSRのFigure B-9を筆者和訳

　ICSRが各構成要素で説明している内容の一部を要約して以下に記載する。
企業は，このような視点で原則および着眼点に基づいて，サステナビリティ情
報に対するガバナンス要件を具体的に設計することになると考えられる。

・統制環境：パーパスと整合した持続可能性に対するコミットメントを表明し，
　責任と権限の明確化や有能な人材の確保等を行う。
・リスク評価：パーパスを戦略に結び付けるために目的を明確にし，リスクお
　よび機会を識別し評価する。
・統制活動：評価したリスクを軽減し目的を達成するための方針と手続（テク
　ノロジー対応を含む）を構築する。
・情報と伝達：目的の達成を測る信頼性のある情報を適時に収集・伝達し，企
　業内部の意思決定や監督活動に役立てるとともに，企業外部との対話を行う。
・モニタリング：目的の達成のために企業の態勢が有効であることを評価し改
　善を行う。

## （2） サステナビリティ情報に係る内部統制のポイント

　COSOのガバナンスフレームワーク（ICIFおよびICSR）を利用してサステナビリティ情報に対する内部統制システムを構築する場合，以下の2点がポイントになると考えられる。

### ①　全社レベルの対応と業務プロセスレベルの対応

　1点目は，全社レベルと業務プロセスレベルの2つの対応である。企業のサステナビリティは，企業を構成するすべてのものによって推進されるべきものである。したがって，サステナビリティ情報に対するガバナンスは企業全体に浸透している必要があり，全社レベルから個々の業務レベルまで階層的に内部統制を構築することが効果的と考えられる。

　全社レベルの内部統制とは，企業全体に広く影響を及ぼし，企業全体を対象とするものであり，業務プロセスレベルの内部統制とは，特定の業務を対象としたものである。全社レベルと業務プロセスレベルの内部統制は相互に補完する関係にあるため，両者が備わって初めて内部統制の目的が達成される。J-SOXにおいて両者が求められているのはそのためである。サステナビリティ情報に対しても，2つのレベルで内部統制を整備し運用することが必要と考えられる。

　ICIFおよびICSRの構成要素は，主として「統制環境」，「リスク評価」，「情報と伝達」，「モニタリング」が全社レベルの内部統制に対応し，主として「統制活動」が業務プロセスレベルの内部統制に対応する。ICIFおよびICSRに基づき，全社レベルからのトップダウンと業務レベルからのボトムアップの両方向で内部統制を構築することで，サステナビリティ情報の信頼性はより強固なものになると考えられる。

### ②　非財務情報と財務情報の統合的ガバナンス

　2点目は，非財務情報と財務情報の統合的ガバナンスである。企業自身およびステークホルダーが，企業によるサステナビリティに係る取組みを適切に把握し評価するためには非財務情報と財務情報の双方が必要であり，また，両者

の結合性（つながり）も重要である。サステナビリティ情報を構成する非財務情報と財務情報は独立した別個の情報ではなく，相互に影響し合う関係性にある。そのため，両者に対して統合的にガバナンスを効かせることが，サステナビリティ情報の信頼性確保には効果的であるとともに効率的である。

　以降で，全社レベルの内部統制，業務プロセスレベルの内部統制，非財務情報と財務の統合的ガバナンスのそれぞれの重要なポイントを述べる。

## （3）　全社レベルの内部統制

### ①　価値創造プロセスの促進

　企業は，パーパスを起点として，持続可能な事業目標を達成するために，サステナビリティに関するリスクおよび機会を評価した上で，資源および関係を投入し，事業活動を行う（**図表4－2－3**）。企業全体に広く影響を及ぼし，企業全体を対象とする全社レベルの内部統制は，この一連のサステナビリティ推進（価値創造プロセス）をより確実に実行していくことを支援するものとい

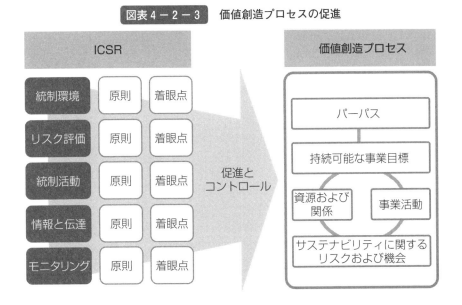

**図表4－2－3**　価値創造プロセスの促進

える。

　サステナビリティに係る取組みは非常に広範であるため，ICIFおよびICSRの構成要素や原則等に基づいてそれらを体系的・統合的に整理し，全体と個別の両視点からガバナンスを効かせることは有用である。換言すれば，企業がサステナビリティ情報に係る全社レベルの内部統制を構築する際においては，企業の価値創造プロセスを考慮し，ICIFおよびICSRの構成要素や原則等を企業固有の視点で具体化していくことが重要である。

## ②　3ラインモデル

　さらに，サステナビリティ推進に対して3ラインモデルを有効に機能させることで，その目的達成がより一層促進されることが期待される。The Institute of Internal Auditors（内部監査人協会）が提唱する3ラインモデルは，全社レベルの概念であり，ガバナンス体制のあり方として企業に広く利用されている。3ラインモデルは，業務執行（1線），リスク管理（2線），内部監査（3線）およびガバナンス機関が企業の目的に対して機能を発揮し目的達成を支援するものである。

　サステナビリティに係る取組みは多種多様であることに加え，その範囲や深度は継続的に変化している。そのため，そのような取組みに対して3ラインモデルを機能させるためには，拡張可能性を具備した軸となるものが必要と考えられる。ICIFおよびICSRの構成要素は3ラインモデルと整合しているため，当枠組みに基づいて各種取組みを整理することにより，1線，2線，3線およびガバナンス機関それぞれのサステナビリティに対する期待役割が明確になり，機能発揮が促進されることが期待される。そして，ICIFおよびICSRは様々な企業が利用可能なように汎用的な内容になっているため（それゆえ，前述のとおり，企業は自社の視点でガバナンス要件を具体化していくことが必要），企業の取組みの変化に合わせてガバナンス体制を拡張や調整していくことも可能と考えられる。

　ICIFおよびICSRは，全社レベルの内部統制の構成要素に基づき企業のサステナビリティに係る取組みを体系的・統合的に管理し，3ラインモデルを機能させ，取組みの推進力を増大させ，かつ，適切にコントロールするフレーム

ワークとなりうるのである。

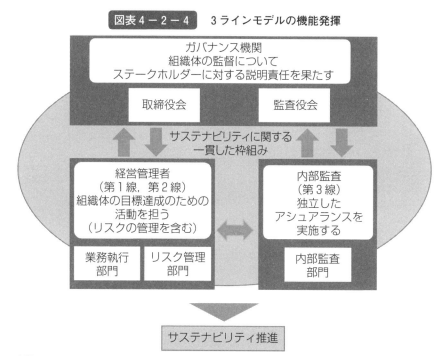

図表4－2－4　3ラインモデルの機能発揮

出所：The Institute of Internal Auditors（内部監査人協会）のThe IIA's Three Lines Modelを踏まえ筆者作成

## （4）　業務プロセスレベルの内部統制

　業務プロセスレベルの内部統制は，ダブルチェックに代表されるように特定の処理が正しく行われているかを検証するものであるため，サステナビリティ情報に係る内部統制のデザイン自体に重要な固有の論点はないと考えられる。多種多様なサステナビリティ情報が作成される業務プロセスレベルにおいては，費用対効果を勘案し，サステナビリティ情報のうち重要性やリスクが高いものに対して過不足のない内部統制を整備し運用することが重要なポイントといえる。

204

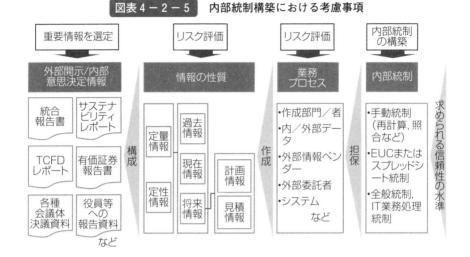

図表 4 - 2 - 5　内部統制構築における考慮事項

## ①　重要性の概念の導入

　客観的に内部統制の構築対象を選定するためには，重要性の概念の導入が効果的である。重要性の概念は，財務諸表監査やJ-SOX，内部監査でも導入されている。そのような既存の枠組みを土台にし，対象とするサステナビリティ情報の性質に合わせて，関連するガイドラインの考え方をも踏まえながら，自社

図表 4 - 2 - 6　重要性の概念の導入ステップの例

① 財務諸表監査や内部統制報告制度
（J-SOX）の考え方を参考に枠組み
を策定

② 各非財務情報の性質に合わせて，関連
するガイドラインの考え方も踏まえ，
重要性の計算方法を策定

③ 自社の業務プロセスに応じて具体的な活
用方法を策定

の業務プロセスに応じて具体的な重要性の計算方法，活用方法を策定することが考えられる。

## ②　リスクの性質の整理

　次に，リスクの程度を評価するには，リスクの性質を整理する必要がある。

　一般的に，財務報告では「誤謬リスク」および「不正リスク」を評価する。これは，主として定量情報で構成される財務報告で誤りが発生するのは，意図的でない場合（誤謬）と意図的な場合（不正）に大別されるためと考えられる。これに対し，サステナビリティ情報には定性情報が多く含まれ，その重要性も高い。定性情報は読み手によって解釈が異なる可能性があるため，「誤謬リスク」および「不正リスク」に加えて「誤認リスク」を認識することが重要と考えられる。ステークホルダーに企業のサステナビリティ情報が適切に理解され評価されるためにも，読み手によって大きな解釈の違いが生じない明確な記述を行うこと，開示書類内や開示書類間のつながりを意識した記述を行うことなど，誤認リスクにも対応した内部統制を構築することが望まれる。

**図表4－2－7**　非財務情報のリスク分類の例

| リスク分類 | 内容 |
|---|---|
| 誤謬リスク | ・意図的でない誤りによって発生する<br>・内部統制が有効に機能していないことなどに起因する |
| 不正リスク | ・意図的な誤りによって発生する<br>・不正のトライアングル（機会，動機・プレッシャー，正当化）などに起因する |
| 誤認リスク | ・意図的でなく誤りもないがステークホルダーとの認識ギャップによって発生する<br>・情報不足，不明瞭な情報などに起因する |

## （5）　非財務情報と財務情報の統合的ガバナンス

　前述のとおり，サステナビリティ情報を構成する非財務情報と財務情報に対

してガバナンス体制を統合的に構築することは，サステナビリティ情報の信頼性を効果的かつ効率的に確保することに寄与する。多くの企業においては，財務情報に対するガバナンス体制をICIFと整合的に構築していることが期待される。したがって，ICSRの適用は，ICIFの考え方を基礎にした非財務情報と財務情報の統合的なガバナンス体制の構築の足掛かりになると考える。統合的なガバナンス体制の構築のための2つのポイントを以下に述べる。

### ①　共通，固有のプロセスの整理

　1点目は，共通，固有のプロセスの整理である。非財務情報に関する業務プロセス（以下「非財務情報プロセス」という）には，財務情報の業務プロセス（以下「財務情報プロセス」という）と共通のものと，非財務情報に固有のものとがある。例えば，GHG排出量の場合，GHG排出量測定のインプットデータとして用いる取引データには財務情報プロセスで利用されるものもあるであろう。それに対し，GHG排出量の測定は非財務情報プロセス固有である。また，非財務情報の開示作成プロセスや非財務情報の管理のために導入したシステムの場合は，非財務情報プロセスに固有と整理することも考えられるが，財務情報プロセスに類似のプロセスがある場合は共通化して一体運用することも考えられる。このように両プロセスの共通と固有の領域を適切に整理することが，サステナビリティ情報に対する効果的かつ効率的なガバナンス体制の構築につながる。

### ②　内部統制水準の段階的引上げ

　2点目は，非財務情報に係る内部統制水準の段階的引上げである。財務情報は，企業およびステークホルダー（特に投資家）の重要な意思決定情報として長年用いられている。それゆえ，内部統制や外部監査など情報の信頼性を確保する態勢が整備されている。他方，サステナビリティに係る情報は，確実性や有用性，品質の点で財務報告と同水準にないことがしばしばある。非財務情報の実務が日々発展していること，規制上，現時点で非財務情報開示に対して第三者保証が必須とされていないことなどが理由と考えられる。しかし，外部開示および内部意思決定の両観点でサステナビリティ情報の重要性は一層高まっ

てきており，その信頼性確保は重要な経営課題となりうる。非財務情報に係る内部統制を十分な水準で整備し運用するには時間と費用が相応に発生するため，経営者のリーダーシップの下で対応していくことが望まれる。

　企業は，サステナビリティ情報を経営に有効活用していくために，COSOフレームワーク（ICIFおよびICSR）に基づき非財務情報と財務情報の統合的ガバナンス体制として目指す姿を描き，重要性やリスクに基づき優先順位を付けて段階的に対応していくことが考えられる。

**図表4－2－8**　財務情報と非財務情報の統合的ガバナンス

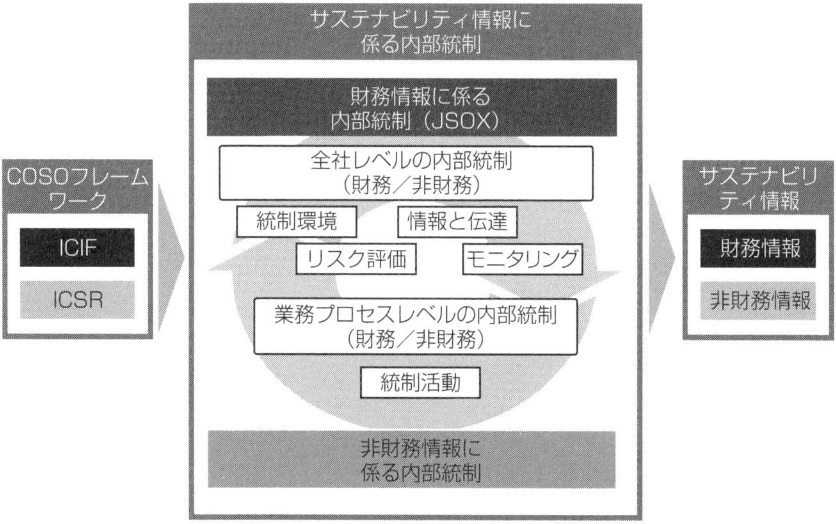

# 第3節 │ サステナビリティ情報の保証を巡る動向

## （1）　サステナビリティ情報の保証の現状

### ①　第三者保証への期待の高まりと課題

　サステナビリティ情報への注目が高まるにつれて，開示される情報の信頼性

確保に対する要請も高まってきている。信頼性確保のためには，まずは企業内部での開示情報の作成プロセスや内部統制を整備することが第一ではあるが，投資家等の情報利用者からは，第三者による保証の付与に対する期待も高まっている。こうした期待の高まりに応じて，サステナビリティ情報に対する保証の実務は各国・地域で広がってきているものの，現状では多くの国・地域で保証は任意であり，規制当局の関与による保証の制度化は，先行して議論が進んでいるEUや米国に続く形で，多くの国・地域で本格的な議論を開始し始めたところであろう。任意の保証業務は，財務諸表監査と異なり，公認会計士等の特定の資格保有者による独占業務とはなっていないため，様々なバックグラウンドを持つ組織が保証の提供者となっている。

　なお，国際会計士連盟（IFAC）が日本の上場企業の時価総額上位100社を調査した結果[2]によると，2021年時点で99％（99社）は何らかの形でサステナビリティ情報の開示を行っており，そのうち69％（68社）が何らかの形で第三者保証を受けているということであった。2019年から2021年の3年間の経年変化では，何らかの形でサステナビリティ情報を開示している会社の比率は，3年前からすでに99％に達しており変化が見られないのに対し，何らかの形で保証を受けている会社の比率は，2019年の47％，2020年の53％から2021年に69％となっており，ここ数年で着実に保証の実務が広がっていることがわかる。

　このように発展途上の段階にある第三者保証の実務は，制度として定着している財務諸表監査と比較した場合，以下の点が特徴であり課題といえるであろう。

・保証の対象や開示基準の選択が企業ごとに異なるため比較可能性に乏しい
・使用される保証基準も保証実施者によって異なるため，結果として保証水準の比較可能性も乏しい
・独立性を含む倫理規則や品質管理体制のルールも保証実施者によって異なる
・保証の水準はほとんどの場合が限定的保証にとどまっている

2　IFAC & AICPA, "THE STATE OF PLAY: SUSTAINABILITY DISCLOSURE & ASSURANCE"（February 2023）.

　・保証実施者に対する監督体制が整備されておらず，保証実施者の組織として
　の品質管理体制が適切であるかどうかが判断できない

## ②　保証業務において使われている保証基準

　保証基準について補足をしておくと，よく見られるものとしては，財務諸表
監査の国際基準を開発している国際監査・保証基準審議会（IAASB）が開発
した，ISAE3000（Revised）[3]やISAE3410[4]に基づく保証業務がある。これは監
査法人やそのグループ会社が実施している保証業務において多く見られる。
ISAE3000（Revised）は，財務諸表に対する監査やレビュー以外のすべての保
証業務に適用されるため，保証業務に対する原則的な要求事項が定められてい
る。これに対しISAE3410は，GHG報告書に関する保証業務に特化した，より
具体的な保証業務基準となっている。したがって，GHG報告書だけでなく，
他の情報も含めて保証業務が提供される時にはISAE3000（Revised）と
ISAE3410の両方が適用されていることが多い。
　また，国際標準化機構（ISO）の国際規格であるISO14064シリーズに基づく
保証業務も見られるが，これはISO認証機関などが実施している業務において
多く見られるものである。ISO14064シリーズはGHG排出量の算定に関する国
際規格なので，GHG排出量の以外の情報と合わせて業務が提供される場合には，
ISAE3000（Revised）とISO14064シリーズの組み合わせとなっていることも
ある。
　さらに，AA1000のAssurance Standardに基づく保証業務も多く見られる。
AA1000はAccountAbilityというロンドンで設立された民間団体が策定してい
る基準であり，企業のサステナビリティへの取組みへの指針となるAA1000
Accountability Principles（AA1000AP）や，AA1000APの適用に関する保証

---

3　ISAE3000（Revised）の正式名称は，International Standard on Assurance Engagements 3000
　（Revised）, Assurance Engagements Other Than Audits or Reviews of Historical Financial Inform
　ation.
4　ISAE3410の正式名称は，International Standard on Assurance Engagements 3410, Assurance
　Engagements on Greenhouse Gas Statements.

基準であるAA1000 Assurance Standard（AA1000AS）などで構成されている。したがって，保証業務の対象がAA1000APの適用状況だけに留まらない場合には，AA1000ASのほかにISAE3000（Revised）を組み合わせて保証業務が提供されることがある。

　これら以外にも利用されている保証基準が存在しており，保証業務の形態は様々であり，当然に実施する手続の内容や保証の水準も異なってくる。

　なお，第三者保証の提供者に求められる独立性や品質管理体制についても補足をしておきたい。IAASBは，会計士以外の専門家にも利用可能となる新しい保証基準の開発を進めている。その中では，IESBAが定める倫理規程（IESBA code）やIAASBが定める品質管理システムに係る要求事項（ISQM 1等）のように会計士に要求されるルールをすべての保証業務提供者に一律に適用することは求めていないものの，少なくとも同程度以上（at least as demanding）に厳しい要求事項が遵守されなければならないとされており，この点には留意が必要であろう。

### ③　IAASBの動き

　現在開発が進んでいる多くのサステナビリティ情報の報告基準においては，財務諸表とサステナビリティ情報のつながりが重視され，財務諸表と同一の開示媒体でサステナビリティ情報を報告することが求められている。このような背景の中で，財務諸表を監査している監査人に対して，サステナビリティ情報についても保証を付与することが期待され始めているのは自然な流れといえるであろう。

　こうした期待を踏まえ，IAASBは国際的に一貫したサステナビリティ情報に対する保証業務基準を開発するプロジェクトを2022年9月から本格的に開始し，2023年8月には国際サステナビリティ保証基準（ISSA）5000「サステナビリティ保証業務の一般的要求事項」の公開草案を公表した。また，この動きと並行して，国際会計士倫理基準審議会（IESBA）は，サステナビリティ情報への保証業務における倫理規程の開発プロジェクトを2022年12月から開始しており，2024年1月に倫理規程の公開草案を公表している。

　以下では，開発が進むISSA5000の概要を説明したい。

## （2）　ISSA5000公開草案の概要

　IAASBは，監査およびレビュー業務以外の保証業務全般に対して適用できる保証業務基準としてISAE3000（Revised）をすでに開発しており，さらにGHG排出量に対する保証業務に特化した保証業務基準としてISAE3410も開発している。現状の任意保証業務についても上述のとおりISAE3000（Revised）およびISAE3410が適用されているが，ISAE3000（Revised）はサステナビリティ情報に対する保証に特化した基準ではないこと，GHG排出量以外の情報に対しては個別の保証業務基準がないことなどから，サステナビリティ情報の保証に特化した保証業務基準を開発するプロジェクトが立ち上げられた。このような経緯を経て2023年8月に公表されたISSA5000公開草案は，以下のような特徴を持っている。

---

・原則主義に基づき，あらゆるサステナビリティトピック（気候，人的資本等）に対応する包括的な保証基準である。
・あらゆる開示媒体（報告メカニズム）にも対応する。
・あらゆる開示規準（Criteria）に対応する。
・すべての利害関係者を考慮する（ダブル・マテリアリティにも対応）。
・合理的保証と限定的保証の両方に対応する。
・会計士以外の保証実施者にも利用可能なものとする。

---

　具体的な基準開発のアプローチとしては，既存のISAE3000（Revised）やISAE3410の内容に加えて，規範性のないガイダンスとして開発されていたEERガイダンス[5]の内容も取り込んでおり，財務諸表監査との整合性の観点から監査基準も適宜参照する形となっている。なお，基準開発のスピードと内容の充実のバランスをとる観点から，以下の6つの優先検討領域が設けられており，優先検討領域についてはより重点的に検討が行われている。

　①　合理的保証と限定的保証の相違点

---

5　EERガイダンスの正式名称は，Non-Authoritative Guidance on Applying ISAE 3000（Revised）to Sustainability and Other Extended External Reporting（EER）Assurance Engagements.

② 保証業務の範囲

③ 報告規準（Criteria）の適合性・入手可能性

④ 十分かつ適切な証拠

⑤ 重要性

⑥ 内部統制システムの理解

　ここでは6つの優先事項についてのISSA5000公開草案における取扱いを概観しておきたい。

## ① 合理的保証と限定的保証の相違点

　ISSA5000公開草案では，限定的保証のみに適用される要求事項にはLimitedの頭文字のLを項番に付し，合理的保証のみに適用される要求事項にはReasonableの頭文字のRを項番に付すことで，両方の保証水準を1つの基準の中でカバーする建付けとなっている。また，限定的保証と合理的保証の差異を明確化するために，差異がある領域については表形式で比較しやすいように基準が構成されている。これは，ISAE3000（Revised）でも採用されている構成である。

　具体的な差異を少し紹介しておくと，例えば，リスクアプローチを採用してリスクに応じた対応手続を実施する点は共通しているものの，限定的保証においては，リスクの識別のために個々の開示項目ごとに詳細なリスク評価をすることまでは求められていないが，合理的保証においては，個々の開示項目ごとにアサーションレベルでの重要な虚偽表示リスクの評価が求められており，要求されている手続の深度が異なっている。また，内部統制について一定の理解が必要である点は共通しているものの，限定的保証では，統制環境，リスク評価プロセスの結果，そして情報システムと伝達の3つの項目についての理解が要求されているのに対し，合理的保証では，その3つに加えて内部統制システムのモニタリングプロセスや統制活動の理解も要求されている。リスク評価プロセスについては結果のみでなく，プロセスそのものの理解も要求されている。さらに，見積りや将来予測情報に対する実施手続に関しては，見積りや予測に使用された手法が適切であるかどうかを検証する点は共通しているものの，見積りや予測の前提となる仮定やデータの適切性，保証人独自の見積りを実施す

るか否かなどにおいて，要求される手続の深度に相違が見られる。ただし，個別の状況に応じて，限定的保証においても追加的な手続を実施しなければならないと判断されることもあり，その点はISSA5000公開草案の中でも明記されている。

## ②　保証業務の範囲

　財務諸表監査においては，ほとんどの場合，財務諸表の一部のみが監査の対象になることはなく，財務諸表全体が監査対象となることが大半であるが，サステナビリティ情報の場合には，報告規準（Criteria）に従って開示された情報のうち一部だけが保証の対象となることがむしろ多く，開示されたすべての情報が保証の対象となることは現時点では稀である。ただし，保証業務を実施するにあたっては，単に保証業務の対象となる情報についての知識のみがあれば足りるわけではなく，保証業務の範囲外のサステナビリティ情報についても適切な知識を有している必要があり，その点がISSA5000公開草案においても強調されている。

## ③　報告規準（Criteria）の適合性・入手可能性

　サステナビリティ情報の開示の実務では，現状は法規制で定められた報告規準（Criteria）に加えて，企業が独自開発した報告規準（Criteria）を組み合わせることがあるため，報告規準（Criteria）の目的適合性，完全性，信頼性，中立性そして理解可能性についての評価が重要である点が明確化されている。また，報告規準は投資家にとっての有用性にフォーカスしたものだけでなく，投資家以外の様々な利害関係者にとって有用とされるいわゆるダブル・マテリアリティの考え方に基づく報告規準であっても，要件を満たせばISSA5000公開草案における保証業務の対象となりうるとされている。

## ④　十分かつ適切な証拠

　現在開発中のISA（国際監査基準）500「監査証拠」公開草案の規定を多くの面で取り入れつつも，バリュー・チェーン情報などを取り扱うサステナビリティ情報の保証業務に特有の論点も考慮して，外部情報源から入手した監査証

214

拠についての正確性と網羅性の検討については，既存のISA500の要求水準にとどめるなどの対応が行われている。

⑤　重要性

　財務諸表監査においては，単一の定量的な重要性の基準値が決定され，その基準値が監査の計画から結論の表明に至るまで一貫して利用されるが，サステナビリティ情報に関しては，そもそも様々な単位の数値が混在しており，定性的な記述情報の開示が多くなる傾向もあるため，単一の定量的な重要性の基準値を決定することは困難であると考えられている。したがって，ISSA5000公開草案においては，定量情報については個々の開示ごとに重要性を決定することを求める一方，定性情報については重要性を決定せずに考慮することを求めることとしている。また，個々の開示ごとに重要性を決定した場合でも，最終的な結論の表明の際には，保証業務の対象となるサステナビリティ情報全体としての重要性を考えることが求められることとなっている。このあたりは，実務上の対応についてさらなるガイダンス等の提供が必要になるところであろう。

⑥　内部統制システムの理解

　サステナビリティ情報の作成に係る内部統制の理解をどこまで求めるかは，サステナビリティ情報の作成者である企業側において実務が発展途上の段階であることを考慮した上で，ISA315「重要な虚偽表示リスクの識別と評価」の要求事項を取り込むことの要否が検討されている。また上述の①でも触れているとおり，内部統制の5つの構成要素の理解については限定的保証と合理的保証において要求事項に明確な差を設けている。

⑦　その他の重要な項目

　上述した6つの優先項目以外にも重要な検討項目とされた項目があるため，簡単にその概要も確認しておきたい。

・専門家および他の業務実施者の利用
　サステナビリティ情報は幅広い領域をカバーすることから，保証業務の実施

においては専門家の関与が必要となるケースが多くなる可能性がある。また，国内外のグループ会社の情報に対して保証業務を実施する場合には，他の業務実施者の利用も必要となる。そのため，こうした専門家や他の業務実施者がどのような場合に保証業務チームの一員となるのかどうかなどについて，ISSA5000公開草案にて整理が行われている。

### ・グループ（連結）サステナビリティ情報への対応

ISA600「グループ財務諸表監査における特別な考慮事項（構成単位の監査人の作業を含む。）」のようなグループ監査に特化した保証基準の開発は今回は行われていないが，ISSA5000公開草案の原則を踏まえれば，グループ（連結）サステナビリティ情報に対応する保証業務の提供にも対応することは可能となっている。なお，必要に応じて将来個別の基準開発を行う可能性があるとされている。

### ・不　正

ISSA5000公開草案を通して不正への対応は強調されており，職業的懐疑心のへの言及も行われている。また，サステナビリティ情報における不正の事例についても適用指針において取り上げられている。ただし，サステナビリティ情報の開示や保証は発展途上段階にあることから，不正についても今後より重要性が増してくることが想定されるため，継続的なガイダンス等の発信が必要な領域であると考えられている。

### ・その他の記載内容（Other Information）

ISA720「その他の記載内容における監査人の責任」を参照し，その他の記載内容について同様の作業を要求し，保証報告書においても監査報告書と同様の記載が求められることとなっている。ただし，保証報告書日後に入手したその他の記載内容がある場合，当該情報に対する作業は要求されない。

### ・報告要件および保証報告書

ISA700「財務諸表の監査報告書」の改訂を踏まえ，保証報告書における記

載順序を整合させている。その他の記載内容の保証報告書における取扱いは上述のとおりであるが，監査上の主要な検討事項（KAM）に相当する事項の開示は要求されていない。

　なお，付録において保証報告書の文例が４つ示されている。限定的保証と合理的保証による相違，適正性意見と準拠性意見による相違，無限定の結論と除外事項がある場合の結論の相違などが文例から把握できるようになっている。

# （3）　サステナビリティ情報の保証の今後の見通し

　ISSA5000は公開草案へのパブリックコメントを踏まえ，2024年９月までに基準を最終化することを計画しており，以降のサステナビリティ情報に対する保証業務におけるベースラインとなることが期待されている。また，包括的な基準として位置付けられるISSA5000のもとで，今後個別のテーマ（気候，人的資本等）ごとの保証業務基準が開発される予定となっている。

　今後想定されている年次報告書等の法定開示書類におけるサステナビリティ情報の開示の制度化は，第三者保証の制度化の動きも加速することになるであろう。すでにEUでは，CSRDに基づき開示されるサステナビリティ情報に対して第三者保証が要求されることが決まっており，限定的保証から開始して将来的には合理的保証に移行していくことが見込まれている。また米国でも，SECの気候開示規則案によれば，開示された情報のうちスコープ１およびスコープ２のGHG排出量については，限定的保証から開始して２年後には合理的保証に移行することが示されている。同様の動きは他の法域でも議論が開始されており，日本においては，第三者保証の担い手やその人材育成に関する議論がまずは優先されているものの，同様の議論が近い将来に本格化するであろう。

# 第 5 章

# IFRSサステナビリティ
# 開示基準の適用実務

218

# 第1節 ┃ 導入目的と戦略

## （1） IFRSサステナビリティ開示基準の性格

　ISSBはIFRSサステナビリティ開示基準の開発を行う一方で，その利用を特定の国・地域に対して強制する権限を有しない。このため，IFRS S1号およびIFRS S2号の発効日である2024年1月1日以降開始事業年度に日本企業が両基準の適用を迫られることはない。ただし，その適用が日本において強制されることはない点のみをもってIFRSサステナビリティ開示基準を自身と無関係な存在として日本企業が無視することが，その最適な対応になるとは限らない。

　IFRSサステナビリティ開示基準はグローバルなベースラインとなることを志向して開発されている。この考え方のもとでは，IFRSサステナビリティ開示基準が，世界の様々な国・地域におけるサステナビリティ開示の基礎的な構成要素となった上で，国・地域ごとに追加的な要素が付加される将来像が念頭に置かれている。こうしたシナリオが今後現実化すれば，IFRSサステナビリティ開示基準の適用準備を進めることで，日本やEUでの制度開示を含む様々なサステナビリティ報告への対応を効果的・効率的に進めることができるようになる。このため，こうしたシナリオが進む可能性を展望するために，これまでの章で触れた点のおさらいも兼ねて，日本やEUのサステナビリティ開示基準がどのようにIFRSサステナビリティ基準と関係付けられているかを概観する。

### ① わが国企業にとってのIFRSサステナビリティ開示基準の意義

　わが国においては，本書執筆時点においてIFRSサステナビリティ開示基準の適用が強制または認容される可能性は明示されていない。ただし，第3章において示したとおり，以下に列挙した形で，日本の開示制度やSSBJが開発する日本のサステナビリティ開示基準とIFRSサステナビリティ開示基準の整合性が確保されると期待されている[1]。

> ● IFRSサステナビリティ開示基準における開示事項の枠組みは，前述の開示府令やTCFD提言に基づく開示の枠組みと整合しており，いずれも，ガバナンス，戦略，リスク管理，指標および目標が主要な開示内容となっている。
> ● IFRSサステナビリティ開示基準はTCFD提言を踏まえて開発されており，TCFD提言に基づく開示をより高度化したものとなっている[2]。
> ● わが国のサステナビリティ開示基準の開発を行うSSBJは，グローバル・ベースラインとされるIFRSサステナビリティ開示基準の内容と整合性のある基準開発をすることとし，IFRS S1号およびIFRS S2号の内容に検討を加える形での基準設定を進める方針を示している。

　このような観点からは，IFRSサステナビリティ開示基準に基づく開示を準備することで，日本における現在での制度対応がおおむね可能となるほか，将来確定するSSBJの開発する日本のサステナビリティ開示基準の相当部分の対応を早期に開始することが可能となると考えられる。

　EUに目を転じると，ESRSは第3章において触れたとおり，IFRS S1号およびIFRS S2号よりも広範な開示領域を明示的にカバーしている一方で，以下の点から両者の間で開示項目について調整が継続されることが期待される[3]。

> ● IFRS S2号の公表時にISSBから公表されているとおり，気候関連の開示について一定の整合性確保に成功している。
> ● ISSBとEC等は今後も協働する旨を表明している。

　このように，IFRSサステナビリティ開示基準は，日本基準およびESRSとの関係付けが明確にされており，両基準のベースラインとして機能しうる位置にある基準であると考えられる[4]。

---

1　SSBJ「サステナビリティ基準委員会の運営方針」（2022年11月24日）。

2　IFRS S2号の公表後には，IFRS S2号とTCFD提言を比較したIFRS財団のスタッフによる文書が公表されている。

3　ISSB, "ISSB ramps up activities to support global implementation ahead of issuing inaugural standards end Q2 2023" (17 February 2023).

4　米国SECの提案は気候変動に対象を絞っているため，IFRSサステナビリティ開示基準よりもさらに範囲が限定されている。

## ②　統合報告やGRIスタンダードとの関係

　そもそも，国・地域の基準とIFRSサステナビリティ開示基準の整合性は，不整合な基準の乱立の回避を望む各界からも期待されており，このための対話を行うことを目的とする法域作業部会（Jurisdictional Working Group）がISSBにより設立され，日本（金融庁およびSSBJ），中国財政部，欧州（欧州委員会およびEFRAG），英国（金融行為規制機構（FCA）および財務報告評議会（FRC）），米国SECがそのメンバーとなっている。加えて，日本のSSBJを含む世界の主要な国・地域のサステナビリティ開示基準の設定主体をメンバーとするサステナビリティ基準アドバイザリー・フォーラム（Sustainability Standards Advisory Forum）の設置も行われており，機構面でも主要国・地域の基準設定関係者が協議を行う機会が設けられている。IFRS財団においても基準設定主体から構成されるアドバイザリー・フォーラムが設置されているが，法域作業部会がサステナビリティ開示基準について設定されている点で，ISSBは機構面でも会計基準以上に国・地域の基準との整合性確保に配慮を示しているという見方もできるかもしれない。

　加えて，第1章で触れたとおり，ISSBはTCFDなどと同様に資本市場における利用者を念頭に置いた基準開発を行っており，同様の観点からの基準・フレームワーク開発を行っていた気候変動開示基準委員会（CDSB）と価値報告財団（VRF）をISSBを設置しているIFRS財団に統合している。また，TCFDはその役割を完遂したとされ活動を停止し，今後はIFRSサステナビリティ開示基準がTCFD提言の果たした役割を引き継いでいくことが想定されている。さらに，資本市場における利用者に限定されないステークホルダーを念頭に置いた報告基準を設定しているGRI（Global Reporting Initiative）とも，両基準の調和を図るための活動を進めている[5]。

　こうした観点からは，IFRSサステナビリティ開示基準は，統合報告やGRIスタンダードに基づく報告を行う上でもベースラインとなる基準として位置付

---

5　IFRS Foundation, "IFRS Foundation and GRI to align capital market and multi-stakeholder standards to create an interconnected approach for sustainability disclosures" (24 March, 2022).

けることも可能であり，利用価値の高い基準となっていくことが期待される。

　なお，第 2 章で説明しているとおり，IFRSサステナビリティ開示基準は，採用している会計基準が国際財務報告基準（IFRS）以外であっても適用が可能とされているため，会計基準の選択が障害になってその適用が排除されるものではない。

　以下では，こうしたIFRSサステナビリティ基準のポジショニングおよびわが国企業に影響する可能性のあるESRSの存在を念頭に置いて，IFRSサステナビリティ開示基準の導入または利用に向けた戦略と実務的な導入ステップの説明を行っていく。

## （2）　IFRSサステナビリティ開示基準の導入・利用の戦略

　IFRSサステナビリティ開示基準の導入または利用については次のような戦略的対応が考えられ，それぞれの戦略に応じて導入準備の位置付けや進め方が異なってくる。

---

戦略①：IFRSサステナビリティ開示基準を任意適用すべく準備を進める。
戦略②：IFRSサステナビリティ開示基準を適用しないが，SSBJ基準を適用すべく準備を進める。
戦略③：ESRSの適用準備を進めつつ，IFRSサステナビリティ開示基準などの導入準備を進める。

---

### ①　IFRSサステナビリティ開示基準を任意適用する戦略

　IFRSサステナビリティ開示基準を任意に適用することで，グローバルに理解される報告基準を用いて内外資本市場の利用者とのコミュニケーションを行い，もってサステナビリティ報告やそのサステナビリティ経営についての理解・評価を広げることを目的とするのがこの戦略である。加えて，こうした対応により，資本市場における利用者以外のステークホルダーにも向けて実施している外部報告との一体性を高めることや，自社のサステナビリティ経営を早期に国際水準で高度化するための一助とすることも，本戦略の目的となりうる。

222

サステナビリティはグローバル共通の課題であることに加え，そもそも少なくない日本企業は制度的強制の有無にかかわらずサステナビリティに関する報告や統合報告などの外部報告をこれまでも実施しており，この戦略はこうしたこれまでの行動の延長線上にある行動であるともいえる。

第3章で触れたとおり，SSBJがIFRSサステナビリティ開示基準をベースに日本のサステナビリティ開示基準を開発する方向性を示していることや，一定の国・地域でIFRSサステナビリティ基準の採用が検討されていることも念頭に置けば，IFRSサステナビリティ開示基準の任意適用を行うことで，日本等における制度対応をよりスムーズに進めることにもつながることになる。

このように，IFRSサステナビリティ開示基準の任意適用は，複数の効果を同時に期待することができる施策となりうると考えられる。

この戦略を採用する場合，IFRSサステナビリティ基準の任意適用時期をいつに設定するかにもよるが，参照や採用可能な先行実務・事例が少ないことなどが課題になる。

この戦略のバリエーションとして，任意適用に代えて，その全部または一部を参照して開示を行う対応が行われるケースが出てくる可能性がある。こうした対応においては，適用したといえない部分が残るという意味で，開示の有効性・信頼性は中途半端なものに留まる可能性があるほか，いわゆるグリーン・ウォッシュについての当局・市場での警戒感が高まっている中で，誤解や企業の開示姿勢への疑問を生まないかについて慎重に検討しておく必要があろう。

② IFRSサステナビリティ開示基準を適用せず，SSBJ基準のみを適用する戦略

この戦略を取る場合には，2023年度末までに公表されることが見込まれている日本版S1基準および日本版S2基準の公開草案や，さらにその1年後までに基準書化される両基準の内容を見極めて適用準備を行うことになる。また，先行して公表されているIFRSサステナビリティ開示基準の内容を把握・検討することは必須とまではいえないが，SSBJ基準に先行してその原型となる基準が公表される状況を最大限に活用して，SSBJ基準の適用をスムーズに進める形でのIFRSサステナビリティ開示基準を活用する対応が考えられる。SSBJに

よる基準設定プロセスにおいて有意義な意見発信をするためにも，その基礎となっているIFRSサステナビリティ開示基準の理解が有効であろう。

　この戦略を採用する場合には，IFRSサステナビリティ開示基準を先行して適用している内外企業などが存在していることを念頭に置けば，戦略①のケースよりも参照できる実務が拡大している可能性が高い。他方で，対応が日本における最低限の制度対応に留まることから，対応が他社に埋没し自社についての積極的な評価につながらない可能性や，対応リソースの確保などが後手に回る可能性などもある。また，SSBJ基準のグローバルな評価や理解度にもよるが，開示が日本以外で理解・受容される可能性が戦略①よりも劣る可能性がある。

## ③　ESRSの適用準備を進める中で，IFRSサステナビリティ開示基準等の導入を準備する戦略

　ESRSはIFRSサステナビリティ基準に比して基準化される範囲が広く，開示目的も複合的であることから，その適用が求められる場合には，ESRSが求める開示範囲を前提に準備を進めることが選択肢となる。ただし，ESRSの設定を担うEFRAGが両基準の公開草案の比較を公表しているなど[6]，両者の関係は一定程度整理がなされており，今後も同様の対応がなされると想定される。

　IFRSサステナビリティ開示基準への対応はスキップしてESRSとSSBJ基準の適用準備を進める方法もありうるが，基準設定にあたり関係性が強く意識されている(i)ESRSとIFRSサステナビリティ開示基準の関係，(ii)IFRSサステナビリティ開示基準とSSBJ基準の関係，の結節点となるIFRSサステナビリティ開示基準の内容を明確に意識することで，ESRSとSSBJ基準の両方の準備がスムーズに実施できる可能性がある。

　このように，IFRSサステナビリティ開示基準の導入や活用の価値や方法は，IFRSサステナビリティ開示基準の導入戦略により異なることになるが，必ずしもIFRSサステナビリティ開示基準を直接適用しない場合であっても，その

---

6　EFRAG, "DRAFT EUROPEAN SUSTAINABILITY REPORTING STANDARDS Appendix V － IFRS Sustainability Standards and ESRS reconciliation table"（April 2022）.

224

活用に価値が存在するケースは少なくない。このため，次節では，IFRSサステナビリティ開示基準の任意適用を行うこととした場合（戦略①）を主に念頭に置いた導入準備の実務対応のポイントを示すと同時に，他の戦略を取る場合の考慮事項も付加的に示すこととする。

## 第2節 ┃ 導入プロセス

　IFRSサステナビリティ開示基準の導入に向けたステップは自社の状況に応じた各社各様の進め方がありうるが，**図表5－2－1**の要素を押さえて進めることが適当であると考えられる。

**図表5－2－1**　IFRSサステナビリティ開示基準の導入準備ステップ

| |
|---|
| ステップ（1）　Fit&Gap分析による課題抽出<br>ステップ（2）　抽出された課題に対応するためのロードマップ策定<br>ステップ（3）　プロジェクト体制の構築と詳細計画の策定<br>ステップ（4）　詳細計画に従った準備の遂行<br>ステップ（5）　ドライランと本番移行 |

　以下，各ステップについて説明する。

## （1）　Fit&Gap分析による課題抽出

　IFRSサステナビリティ開示基準の適用を進めるためには，IFRS S1号およびIFRS S2号の全体について全般的に理解した上で，IFRSサステナビリティ開示基準の要求事項と自社が現在実施している開示内容の異同の分析（以下「Fit&Gap分析」という）を実施し，IFRSサステナビリティ開示基準を適用する上での課題を抽出することが出発点となる。

　ただし，Fit&Gap分析で抽出すべき課題は，単なる開示項目チェックリストによる開示項目の過不足の検討にとどめずに，**図表5－2－2**のようにIFRSサステナビリティ開示基準の適用上の経営的な課題を抽出しておくことが有用

であると考える。特にIFRSサステナビリティ開示基準を導入する戦略の目的が自社のサステナビリティ経営の高度化にある場合，表面的な開示事項にとどまらず，開示されることになる事項に関連する経営管理プロセスにおける要強化事項を把握することが重要となる。

**図表 5 - 2 - 2**　Fit&Gap分析で抽出すべき課題

| 領域 | 課題例 |
|---|---|
| 全般 | 重要性（materiality），情報の記載場所，財務諸表における情報との関係の基準，などの決定方法 |
| 「ガバナンス」や「リスク管理」 | 強化・改善が望まれる点などの体制に関連する事項 |
| 「戦略」 | 脱炭素に向けた移行計画の策定や目標設定に関連する事項。特に具体的な強化や目標の合理化が望まれる点を含む |
| 「指標と目標」 | 開示すべきデータの収集プロセスやその正確性やスピードの担保のために必要となる事項 |
| その他 | 今後必要となる可能性のある外部保証への対応や社内における対応資源・知見の有無・程度や人財確保・育成の必要性 |

　なお，前述した戦略②（IFRSサステナビリティ開示基準を適用せず，SSBJ基準のみを適用）を取る場合であっても，最低限このステップまでの作業を行っておくことがSSBJ基準の適用準備や意見発信のために有効である。ここで把握された課題を，自社のサステナビリティ経営の高度化に活かすことも考えられる。

　この段階での作業は必ずしも多大な経営資源を要するものではなく，特定部署の単独または少数の人間により実施することも十分可能である。

## （2）　ロードマップ策定

　ロードマップは詳細な計画を策定する前の概括的なマスタープランであり，全体としてIFRSサステナビリティ開示基準を適用する上で必要となる重要かつ不可欠な工程を各社固有の状況に応じて示すものである。具体的には，ス

226

テップ（1）で抽出された課題を前提に，その解決のための施策と解決に必要
となる大体の期間を想定していくことで作成する。ロードマップの要素や詳細
度については高い自由度が存在するが，次のような要素については暫定的に決
定・判断しておくことが相当と考えられる。

- IFRSサステナビリティ開示基準を適用する意義・目的
- IFRSサステナビリティ開示基準を適用する時期
- Fit&Gap分析で抽出された各課題の影響度・負担，解決に必要となる対応の前後関係や優先度を付け，対応が合理的に進められるような工程のデザイン
- 対応において影響を受ける社内関係者や部門の識別
- 対応において必要となる経営資源の規模感・概算
- 適用までの主要なマイルストン

ロードマップは，後のステップにより変更されうるものと位置付けて作成を
進めておくことが適当であり，この段階で固定的なものとして確定するという
よりも，いったんは暫定的かつ概括的な対応計画としておくことが現実的であ
る。

ステップ（1）と同様，この段階までの対応の遂行のためには大規模な経営
資源を要するものではなく，むしろ少数精鋭の企画能力および基準・実務の理
解度の高い関係者の作業が有効である。

## （3） プロジェクト体制の構築と詳細計画の策定

### ① 詳細計画の策定

より具体的な対応準備のためには，より広範なプロジェクト体制と詳細計画
を明確にしていく必要が生じる。このためには，プロジェクトのガバナンスや
推進を担う責任者や体制・部署を明確に確定した上で，ロードマップをより詳
細なアクションプランに具体化し，詳細計画を確定していくことになる。実務
的にはこの段階を複数に分割し，体制の拡大と計画の詳細化をフェーズ分けし
て進めることも有効である。

　通常，このステップにおいては，対応に必要となる将来の経営資源や予算についても明確化・公式化し，社内での所用の承認・決定を受けておくか，これに準じるコンセンサスを得ておくことが必要となる。IFRSサステナビリティ開示基準の適用にあたっては，後述するように少数の部署に閉じた対応ではなく，企業のガバナンス・経営層を含む広範な関係者の理解と支持が必要である。さらに，計画の詳細化や期限の合理性の確認のためには，実務を担う関係者の知見が必要とされ，こうした層を含む関係部門などの理解を得ておく必要がある。

## ②　プロジェクト体制

　プロジェクト体制の構築にあたっては，その範囲についての工夫も必要となる。これまでのサステナビリティ情報の開示については，サステナビリティ推進部門やIR部門などが主に対応しているケースがある。しかし，IFRSサステナビリティ開示基準の対応にあたっては，より本格的な対応が必要とされる課題が生じる可能性があり，識別した課題への対応に必要な能力や専門性を適切に整理し，社内の関連する部署の巻き込みや連携を図ることが重要と考えられる。こうした事項の例をIFRSサステナビリティ開示基準の要請との関係も含め**図表5－2－3**に示したが，これ以外にもデータの収集をタイムリーかつ効率的・正確に実施するためにシステム開発・導入を検討する場合においては，システム部門との連携・協働も必須である。

**図表5－2－3**　**対応に必要となる事項と関連部門の関係**

| 項目 | 基準の内容 | 対応のポイント | 関連する部門とその価値 |
|---|---|---|---|
| 報告企業（S1号20項） | 企業のサステナビリティ関連財務開示は，関連する財務諸表と同じ報告企業に関するものでなければならない。 | 連結範囲を含めたサステナビリティ関連財務開示の準備 | 連結ベースでの開示が必要になるが，連結グループ子会社からのデータ収集ポリシーの策定やデータ収集プロセス・システムの構築・運用に関しては，経理部門が連結決算手続の一環とし |

228

| | | | て実施しているため，経験・専門性があると考えられる。 |
|---|---|---|---|
| つながりのある情報（S1号21項） | 企業は，以下の種類のつながりについて，投資家等が理解できるように情報を提供しなければならない。<br>(a) 情報が関連する項目間のつながり<br>(b) 開示された情報間のつながり<br>（i）サステナビリティ関連財務開示の中のつながり<br>※例えば，ガバナンス，戦略，リスク管理，指標および目標の間のつながり<br>（ii）サステナビリティ関連財務開示と他の一般目的財務報告書の情報のつながり<br>※例えば，財務諸表とサステナビリティ関連財務開示とのつながり | サステナビリティ情報と財務情報とのつながりの検討 | 移行計画等の具体的な行動計画が会計上の見積り等の会計処理にどのような影響を与えるかについては，会計基準の知見や会計処理との整合性が必要となるため，経理部門の関与が必要である。 |
| 報告のタイミング（S1号64項） | 企業は，サステナビリティ関連財務開示を関連する財務諸表と同時に報告する必要があり，また，それぞれでカバーされる期間も同じものでなければならない。 | サステナビリティ情報と財務情報の同時報告に向けたスケジュール調整 | 財務報告と同時にサステナビリティ情報の報告が必要となるため，様々な開示媒体に関するスケジュール調整をIR部門と実施する必要があるほか，担当部門（例えば，GHG排出量を管理する環境担当部門）の実績データの収集スケジュール調整等にも影響を与える。 |

また，プロジェクトの推進責任やガバナンス体制についても，各社の既存の

機関・仕組み（例えば社内のサステナビリティ推進委員会や開示委員会）との関連付けも含め，明確にしておく必要がある。加えて，大規模な企業グループにおいては，親会社のみではなく子会社における体制や親会社との連繋方法などについても詰めておくことが適当である。外部のアドバイザーなどを起用する場合には，自社のニーズやスケジュールへのフィット感や自社の理解度なども踏まえて，その選定なども済ませることが必要となる。

　こうした検討を経てプロジェクト体制を確定させ，アクションプランを詳細化しつつ，ロードマップを更新・確定させ，プロジェクトの実施準備が整うことになる。そして，この段階でプロジェクトに必要な経営資源や予算などもおおむね確定することが可能となる。ただし，いったんロードマップや詳細計画が確定した後でも，基準の追加や変更があった場合には，開示要求事項に関連する追加対応事項の分析を行い，ロードマップや詳細計画を変更することなどが必要となるため，このステップの後も必要に応じて関係計画などには変更が加えられる。また，テクニカルな点では，IFRSサステナビリティ開示基準に基づく救済措置についても把握・検討しておくことが適当である。

## （4）　詳細計画に従った準備の遂行

　このステップでは詳細計画に従って対応を進めていくことになるため，実施すべき事項は各社各様となる。ここでは，その過程で対応が必要となりうる代表的な事項について説明する。

### ①　データ収集ポリシーの策定と収集プロセスの実装

　IFRS S2号に基づいて開示する指標と目標において，産業共通の指標として次の情報の開示が必要となると想定される。

- GHG排出量（スコープ 1，スコープ 2 およびスコープ 3）
  - 移行リスクおよび物理的リスクに脆弱な資産または事業活動の金額および比率
  - 気候関連機会と整合した資産または事業活動の金額および比率
  - 気候関連リスクおよび機会に投下された資本的支出，ファイナンスまたは投資の金額

　当該実績データを連結グループから収集する必要があるが，各事業領域または子会社における移行リスク，物理的リスクおよび気候関連機会の定義付けを行った後，連結グループとして首尾一貫した情報を収集するためのグループポリシーや情報収集様式・スケジュールを策定した上で，各子会社にデータ収集を依頼していく必要がある。こうしたポリシー等の策定と承認は導入プロジェクトの一環として実施するほか，今後の経常的な報告実施のためにポリシー決定を実施・通達する体制の整備が必要となる。

　また，こうしたポリシーの通達やデータ収集について，システムを利用して行う場合には，その導入や開発，既存システムとの連繋などについて検討から実装までの一連のステップが必要になる。

## ②　データ活用の検討

　気候関連リスクおよび機会に関連する指標については，単に集計・開示するのみではなく，通常，設定された指標や目標を用いた管理・モニタリングを含むPDCAプロセスが必要となる。全社目標を各現場レベルにブレークダウンした形で落とし込み，目標に対する進捗・達成状況について定期的にモニタリングを行えるような仕組づくりがその例である。

　こうした対応のためには，開示用の実績データを１年に一度収集するだけでは不十分であることも多く，システム等を利用してより高頻度でのデータ収集を行う仕組みを構築し，これに基づいて期中の管理を行うなど，管理の仕組みを高度化していくことも必要である。つまり，単なる開示のための対応にとどまることなく，経営管理にサステナビリティに関連するデータを組み込んだ上で，運用してきた管理の結果を適時に社内で把握・共有しつつ，開示につなげるという循環づくりが必要となる。こうした対応のためには，開示項目の集計ポリシーやその仕組みの実装にとどまらず，管理の方法やガバナンスなどを適切に整理するなど，企業のモニタリングサイクルの決定と並行してシステム要件を検討することも必要と考えられる。把握した計数の評価や報酬への反映などの方法の決定も含まれうる。

### ③　データの信頼性の確保（内部統制の構築）

　サステナビリティ関連財務開示を法定開示である有価証券報告書などにおいて実施する場合においては，データの信頼性の確保について特に注意が必要である。IFRS S1号に準拠する場合は，連結グループレベルでの情報開示が必要となるが，会計データと異なり，各子会社にGHG排出量等を管理できる専門部署がないケースもあるため，自社グループのガバナンス構造を整理した上で，どの子会社または部署（対応のシェアード化の検討を含む）が信頼性を担保するのか，誰がそれをチェックするのかを整理する必要がある。

　また，サステナビリティ情報の開示に至る一連の業務フローを整理し，重要なチェックポイントすなわちキーコントロールを明確にして，業務への実装と運用の徹底を図る必要がある。例えば，GHG排出量に関しても，バウンダリー（境界）の確認，排出係数のチェック，活動量の照合，計算式の確認など，誤りが発生しやすいポイントを特定し，それぞれのポイントについてどのような業務やITの仕組みでカバーされているかを整理し，不足しているチェックポイントについては現場の日常業務における確認作業や分析作業を追加するなどの対応が必要である。また，こうした作業を実施する人員の確保・教育を含む人的要素の質量両面での強化などが課題となることもある。

## （5）　ドライランと本番移行

　上記のようなステップを経て対応体制の構築を行った後には，実際にプロセスを稼働させ，機能を確認・検証する必要がある。その上で本番に移行できるとなれば，いよいよIFRSサステナビリティ開示基準に基づく開示が開始されることになる。

　本番移行前の確認・検証を社内の資源で実施することも特に問題はないが，資源の制約に加え，客観性や外部保証の準備という観点からは，外部の確認・検証を受けるかどうかも検討課題となる。この点については，スケジュールの観点と併せて後述する。

## （6） 適用に要する期間とタイムスケジュール例

### ① 適用までのタイムライン決定の要素

　Fit&Gap分析などによって把握された課題の量と深刻度および利用可能な経営資源によって，IFRSサステナビリティ開示基準の適用時期を調整・決定することが考えられる。

　先述したとおり日本においては，2025年4月1日以後開始する会計年度から早期適用を可能とする形でSSBJ基準の開発が進められている。仮にSSBJ基準の早期適用の適用時期に合わせてIFRSサステナビリティ開示基準の任意適用を行う場合（戦略①），例えば**図表5－2－4**のようなタイムスケジュールに沿ったロードマップを引いて対応を進めることが考えられる。戦略②を取る場合には，このすべてを実施するのではなく，ステップ（2）までの対応をSSBJ基準の公開草案公表までに実施した上で，IFRSサステナビリティ開示基

**図表5－2－4** 適用スケジュールの例

| 年度 | 2024年 | | |
|---|---|---|---|
| 期間 | 4月～5月 | 6月～12月 | 1月～3月 |
| PMO | Fit＆Gap分析 ロードマップ作成 プロジェクト体制・詳細計画の策定 | 課題対応の進捗管理および追加ガイダンス対応等 | |
| IT | 要件設定 | システム改修 | システム稼働／ユーザー教育 |
| 内部統制 | 現状把握・分析 | 業務フロー整備＋内部統制整備 | 新業務 フロー運用 |
| 開示対応 | 現状把握・分析 | 開示事項案の検討と データ収集方針の策定 | 開示案の作成 |
| 人財 | プロジェクト関与者育成 | | コア人財の育成 |
| グループ展開 | 現状把握・分析 | 詳細計画のグループ展開と各社における対応計画の詳細化 | グループ会社での個別課題の対応 |
| 外部保証 | 外部保証についての動向把握 | | 外部保証の実施についての判断と対応計画策定 |

準に基づく課題をSSBJ基準に置き換える工程などを加えて，同様のスケジュールで進めることが考えられる。

　適用準備のために必要な期間は企業により大きく異なるが，すでにTCFD提言への対応等を積極的に進めてきた企業においては，特別に複雑な課題がなく，適切な対応資源の確保が行われれば，1年半から2年程度のスケジュールでの対応を進めることも可能と考えられる。

　ただし，対応に要する負荷や複雑性は企業により大きく異なることから，自社における対応スケジュールの見通しを立てる上でも，IFRSサステナビリティ開示基準を使う予定がなくてもIFRSサステナビリティ開示基準を用いたFit&Gap分析（ステップ（1））およびロードマップ策定（ステップ（2））までを進めておくことが望ましい。先述のとおり，この段階までのステップであれば多大な経営資源を要することはなく，SSBJ基準による対応が必要となった段階への有効な備えになるからである。

| 2025年 | | | 2026年 |
|---|---|---|---|
| 4月～6月 | 7月～9月 | 10月～12月 | 1月～3月 |
| ドライラン | 早期適用本番年度・改善対応 | | |
| 外部保証（またはそのドライラン）の実施 | | | |

## ②　保証を考慮した対応の意義

　準備のタイムラインを考える上では，サステナビリティ関連開示への外部保証に関する制度化の動向にも注意が必要である。金融審議会ディスクロージャーワーキング・グループ報告（令和4年12月27日）においては，有価証券報告書においてわが国の開示基準に基づくサステナビリティ情報が記載される場合には，将来的に当該情報に保証を求めていくことが考えられると提言されている。また，EUの制度，すなわち企業サステナビリティ報告指令（CSRD）に基づくESRSによるサステナビリティ情報に関しては，保証が要求される。

　開示するサステナビリティ情報の信頼性に懸念・問題があるとされた場合，必要な保証が得られなくなるという問題が発生する。外部保証により問題が表面化したため，保証の対象となった情報については修正を行うことができたとしても，当該時点よりも前に開示してしまっている情報に問題が残ることが表面化するリスクも存在する。

　このようなリスクに対応するためには，制度的に保証が強制される時点より前に，自社による報告プロセスについてドライランを実施しプロセスの成熟度を十分に高めると同時に，外部保証についても早期に実施するようタイムライン化することが考えられる。こうした対応によって識別された課題については遅くとも本番年度までには改善していく必要があり，ドライランや外部保証については実施タイミングをできるだけ前倒しすることが安全である。

　特に，ESRSの適用が必要となる企業が対応を進める場合（戦略③），一定規模の子会社，子会社グループがEU域内にある場合は，環境，社会，ガバナンスに関するより幅広いサステナビリティ情報の開示が2025年度以降に求められる。より詳細には，2025年1月1日以後開始する会計年度の開示から，欧州域内の子会社または子会社グループにおいてサステナビリティ情報の開示と限定的保証が要求され，2028年度において，EU域内に一定以上の売上がある企業グループに関しては連結レベルでのサステナビリティ開示と限定的保証が求められる。欧州域内に対象拠点がある企業においては，先述した戦略③に基づき，ESRSおよびIFRSサステナビリティ開示基準をベースにFit&Gap分析を実施して対応を進めることが考えられるが，この場合には，ESRSの適用期限や保証

の期限について制度的に決まっていることから，対応をより加速する必要がある。

\*

　ESRSの適用期限が接近してくる一方，IFRSサステナビリティ開示基準についても，今後，関係当局によるエンドースメントや特定の法域においてその利用がどのように実施されるかが明確になってくる。また，IFRS S1号およびIFRS S2号に続く基準についてもISSBによる開発が進められることで，基準が明確化され，より実務において利用しやすい基準となっていくことも想定される。

　こうした状況・環境を慎重に見極めて，ぎりぎりまで必要な対応を先延ばしすることも1つの対応方法ではある。他方で，サステナビリティ開示基準が求める開示事項やその対応事項の広範さや深度を踏まえれば，早期に対応を開始・進捗させることで，短期間に負荷のかかる対応を集中させるような対応を回避することも賢明な対応となる可能性がある。加えて，ISSBやEUによるサステナビリティ開示基準の設定・導入が日本に先行して今後も進むことを前提とすれば，グローバルな投資コミュニティなどとのコミュニケーションの手段やグローバル企業の経営管理におけるサステナビリティ情報の活用などの目的からは，IFRSサステナビリティ開示基準の任意適用を早期に進めることが有用な具体的な施策となる可能性もある。

　こうした状況において，すべての日本企業にとって一律に正解といえる選択肢は存在せず，各社は自身の志や，より広範なサステナビリティ経営の方針・戦略に基づいて，サステナビリティ報告についての戦略としてIFRSサステナビリティ開示基準への対応を決めていく必要がある。こうした取組みや戦略も企業のサステナビリティ経営の真剣度や成熟度を示すものとして注目されよう。そのためには企業は対応を検討すると同時に，外部に説明する準備をしておくことが考えられる。

《執筆者一覧》

〈代表執筆者〉

**岩崎　伸哉**（いわさき　しんや）

有限責任監査法人トーマツ　パートナー
公認会計士

1993年監査法人トーマツ（現・有限責任監査法人トーマツ，以下「トーマツ」）入所後，米国デロイト＆トウシュ派遣（1996年～1998年）を経て，2004年トーマツのパートナー就任（現任）。約30年間にわたり，総合商社およびグローバル金融機関・製造業の内外基準に基づく監査，会計基準の適用・導入の支援，内部統制・リスク管理態勢の構築支援，M&A関連支援，ガバナンス，サステナビリティ関連業務などに日本内外で従事。現在，トーマツのExecutive Committeeメンバー（監査・保証ビジネスのビジネス・リスク・リーダー）およびデロイトのアジアパシフィック（監査・保証ビジネス）における会計・サステナビリティ報告領域の責任者。

主な著書に『IFRS導入戦略―計画策定から初度適用まで』（共著・中央経済社），『証券化とSPE連結の会計処理』（共著・中央経済社），『速解Q&A　合併　会社分割　株式交換・移転ハンドブック』（共著・清文社），訳書に『国際財務報告基準詳説―iGAAP金融商品編　第1版』（共訳・レクシスネクシス・ジャパン）がある。

**小林　永明**（こばやし　のりあき）

有限責任監査法人トーマツ　パートナー
公認会計士
サステナビリティ情報審査人

2000年監査法人トーマツ（現・有限責任監査法人トーマツ）入所後，米国デロイト＆トウシュ派遣（2006年～2008年）を経て，2014年トーマツのパートナー就任（現任）。総合商社等の監査に長く関与し，IFRSや米国会計基準の実務に従事。現在トーマツの品質・リスク管理本部 企業情報開示支援室の室長として，サステナビリティ情報の開示および保証の制度化に向けた品質管理体制の強化や気候変動等の監査対応をリードするとともに，デロイトグローバルの保証メソドロジー開発チームのメンバーや，デロイトアジアパシフィックにおけるサステナビリティ保証メソドロジーのリーダーなどを兼任。また，日本公認会計士協会において企業情報開示委員会の非財務情報開示検討専門委員会やIAASB対応委員会のメンバーを兼任するとともに，財務会計基準機構のIFRS翻訳委員会委員も兼任。

## 黒﨑　進之介（くろさき　しんのすけ）

有限責任監査法人トーマツ　パートナー
公認会計士
2005年監査法人トーマツ（現・有限責任監査法人トーマツ）に入所後，2023年にトーマツの
パートナー就任（現任）。石油，化学，テクノロジー等の製造業を中心とした監査，会計基
準の適用・導入の支援，内部統制システムの構築支援等の業務に従事。現在は，トーマツの
サステナビリティ開示アドバイザリー部において，気候変動開示，人権，生物多様性に関す
る助言業務，制度開示対応としてISSB，CSRDの導入支援とサステナビリティデータの内部
統制構築支援業務に従事。
主な著書等に『Q&A業種別会計実務3　素材』（共著・中央経済社）のほか，「TNFDフレー
ムワーク案を読み解く」（共著・旬刊経理情報2022年5月10日・20日合併号），「ISSBサステ
ナビリティ開示基準案のポイント」（共著・同2022年6月1日号），「IFRSサステナビリティ
開示基準の導入戦略と実務対応」（共著・同2023年4月20日号）などがある。

### 〈執筆者〉

## 山神　卓士（やまがみ　たかし）

有限責任監査法人トーマツ　マネージングディレクター
米国公認会計士
2006年監査法人トーマツ（現・有限責任監査法人トーマツ）入所。2014年まで米国基準に基
づく監査業務に従事後，2015年1月から2017年12月まで国際会計基準審議会に客員研究員と
して出向。帰任後，主としてIFRSテクニカル業務に従事し，2021年7月から企業情報開示支
援室で主としてサステナビリティ開示基準のテクニカル業務に従事。

## 端詰　久人（はしづめ　ひさと）

有限責任監査法人トーマツ　シニアマネジャー
公認会計士
2006年監査法人トーマツ（現・有限責任監査法人トーマツ）入所後，総合商社・国内最大手
金融コングロマリット（IFRS）等の財務諸表監査，ミドル企業やスタートアップへのIPO支
援・経営コンサルティング・海外進出支援等に従事し，国内大手投資銀行でのM&Aコンサ
ルティング業務（出向）を経て，現在はTCFDやCSRDなど非財務情報開示に関する助言業
務に従事。

## 横山　歩（よこやま　あゆみ）

有限責任監査法人トーマツ　シニアマネジャー
公認会計士
2006年監査法人トーマツ（現・有限責任監査法人トーマツ）に入所後，国内監査部門にてエ
ネルギー事業，情報通信事業，小売業，卸売業等の監査業務に従事。現職では，TCFD対応
助言，CSRD導入支援等のサステナビリティ関連業務に多数従事。

## 藤田　尚芳（ふじた　ひさよし）

有限責任監査法人トーマツ　シニアマネジャー
公認会計士
2013年有限責任監査法人トーマツ入所後，上場企業監査業務やIPO支援業務への従事および
タイ国デロイト＆トウシュ派遣（2018年〜2020年）を経て，日本企業向けに気候変動開示や
人的資本開示，有価証券報告書におけるサステナビリティ開示に関する助言業務に従事。さ
らにCSRDやISSB等グローバルベースでのサステナビリティ開示に関する助言業務にも従事。

## 小池　心平（こいけ　しんぺい）

有限責任監査法人トーマツ　マネジャー
サステナビリティ情報審査人
環境関連企業のコンサルティング部門，監査法人のサステナビリティ・アシュアランス部門
を経て，2023年から有限責任監査法人トーマツにてサステナビリティ開示アドバイザリー業
務に従事。統合報告書等の非財務情報の第三者保証，GHG排出量の算定・削減目標設定・検
証，環境法規制遵守評価，環境マネジメントシステム構築・運用，環境DD等のアドバイザ
リーを実施。ISO14001 EMS審査員補。

## 梶原　俊哉（かじわら　しゅんや）

有限責任監査法人トーマツ　マネージングディレクター
公認会計士
監査法人トーマツ（現・有限責任監査法人トーマツ）入所後，金融インダストリーに所属
し，日本基準または米国基準に基づく金融機関の監査業務に従事。現在は，金融機関を対象
としたアドバイザリー業務に従事。非財務情報に係るガバナンス・内部統制の高度化業務，
IFRS等の会計基準の適用・導入助言業務などに携わる。
主な著書等に『ICSR適用による企業のサステナビリティ推進の統合管理』（共著・金融財政
事情）のほか，「価値創造プロセスの体系的・統合的な実装—サステナブルROE逆ツリーで
企業価値創造を捉える」（共著・デロイト トーマツ グループウェブサイト掲載）がある。

## 吉村　拓人（よしむら　ひろと）

有限責任監査法人トーマツ　シニアマネジャー
公認会計士
監査法人トーマツ（現・有限責任監査法人トーマツ）入所後，グローバル金融機関・国内金
融機関の会計監査に従事。現在は，金融機関に対してサステナビリティ関連・IFRS関連のア
ドバイザリー業務に従事。

【著者紹介】
# 有限責任監査法人トーマツ

　有限責任監査法人トーマツは，デロイト トーマツ グループの主要法人として，監査・保証業務，リスクアドバイザリーを提供しています。日本で最大級の監査法人であり，国内約30の都市に約3,000名の公認会計士を含む約7,800名の専門家を擁し，大規模多国籍企業や主要な日本企業をクライアントとしています。

　デロイト トーマツ グループは，日本におけるデロイト アジア パシフィック リミテッドおよびデロイトネットワークのメンバーであるデロイト トーマツ合同会社ならびにそのグループ法人（有限責任監査法人トーマツ，デロイト トーマツ リスクアドバイザリー合同会社，デロイト トーマツ コンサルティング合同会社，デロイト トーマツ ファイナンシャルアドバイザリー合同会社，デロイト トーマツ税理士法人，DT弁護士法人およびデロイト トーマツ グループ合同会社を含む）の総称です。デロイト トーマツ グループは，日本で最大級のプロフェッショナルグループのひとつであり，各法人がそれぞれの適用法令に従い，監査・保証業務，リスクアドバイザリー，コンサルティング，ファイナンシャルアドバイザリー，税務，法務等を提供しています。また，国内約30都市に約2万人の専門家を擁し，多国籍企業や主要な日本企業をクライアントとしています。詳細はデロイト トーマツ グループWebサイト（www.deloitte.com/jp）をご覧ください。

　Deloitte（デロイト）とは，デロイト トウシュ トーマツ リミテッド（"DTTL"），そのグローバルネットワーク組織を構成するメンバーファームおよびそれらの関係法人（総称して"デロイト ネットワーク"）のひとつまたは複数を指します。DTTL（または"Deloitte Global"）ならびに各メンバーファームおよび関係法人はそれぞれ法的に独立した別個の組織体であり，第三者に関して相互に義務を課しまたは拘束させることはありません。DTTLおよびDTTLの各メンバーファームならびに関係法人は，自らの作為および不作為についてのみ責任を負い，互いに他のファームまたは関係法人の作為および不作為について責任を負うものではありません。DTTLはクライアントへのサービス提供を行いません。詳細はwww.deloitte.com/jp/about　をご覧ください。デロイト アジア パシフィック リミテッドはDTTLのメンバーファームであり，保証有限責任会社です。デロイトアジア パシフィック リミテッドのメンバーおよびそれらの関係法人は，それぞれ法的に独立した別個の組織体であり，アジア パシフィックにおける100を超える都市（オークランド，バンコク，北京，ベンガルール，ハノイ，香港，ジャカルタ，クアラルンプール，マニラ，メルボルン，ムンバイ，ニューデリー，大阪，ソウル，上海，シンガポール，シドニー，台北，東京を含む）にてサービスを提供しています。

## サステナビリティ報告のグローバル実務
■IFRSサステナビリティ開示基準の適用に向けて

2024年4月20日　第1版第1刷発行

著　者　有限責任監査法人トーマツ
発行者　山　　本　　　　継
発行所　㈱中　央　経　済　社
発売元　㈱中央経済グループ
　　　　パ ブ リ ッ シ ン グ

〒101-0051　東京都千代田区神田神保町1-35
電話 03（3293）3371（編集代表）
　　 03（3293）3381（営業代表）
https://www.chuokeizai.co.jp
印刷／三英グラフィック・アーツ㈱
製本／㈲井 上 製 本 所

ⓒ 2024
Printed in Japan